高校法律教学模式构建与人才培养

张松◎著

图书在版编目（CIP）数据

高校法律教学模式构建与人才培养 / 张松著 .
太原：山西经济出版社, 2025.5. -- ISBN 978-7-5577-1491-8

Ⅰ . D92

中国国家版本馆 CIP 数据核字第 2025YP7145 号

高校法律教学模式构建与人才培养

GAOXIAO FALÜ JIAOXUE MOSHI GOUJIAN YU RENCAI PEIYANG

| 著　　　者：张　松
| 选题策划：吕应征
| 责任编辑：岳子璇
| 装帧设计：李宁宁

| 出 版 者：山西出版传媒集团・山西经济出版社
| 地　　　址：太原市建设南路 21 号
| 邮　　　编：030012
| 电　　　话：0351-4922133（市场部）
| 0351-4922142（总编室）
| E-mail：scb@sxjjcb.com（市场部）
| zbs@sxjjcb.com（总编室）

| 经 销 者：山西出版传媒集团・山西经济出版社
| 承 印 者：山西万佳印业有限公司

| 开　　本：710mm×1000mm　　1/16
| 印　　张：10.25
| 字　　数：207 千字
| 版　　次：2025 年 5 月　第 1 版
| 印　　次：2025 年 5 月　第 1 次 印刷
| 书　　号：ISBN 978-7-5577-1491-8
| 定　　价：68.00 元

前　言

　　任何事物的发展都遵循着一定的内在规律，揭示这些规律并将其应用于实践，正是理论研究的核心价值与最终目标。特别是在高等教育领域，研究的目的在于探索大学教育发展的内在逻辑与规律，为教育改革提供坚实的理论支撑。例如，世界著名的哈佛大学设有"教育政策研究中心"和"教育发展研究中心"，这两个机构不仅致力于推动本校教育的进步，还积极参与美国政府的教育决策过程。这充分说明了高水平的高等教育研究对建设一流大学的重要性。

　　面对当前全球经济危机的冲击、国内产业结构的转型升级，以及高等教育规模的迅速扩大，大学生的就业问题已成为制约我国高等教育健康发展的关键因素之一。对于一所新近独立的本科院校而言，如何培养出能够适应乃至引领社会发展潮流的人才，如何确保学生在未来激烈的人才市场竞争中脱颖而出，成为每一位教育工作者亟待解决的重大课题。这不仅是对学校教学质量的考验，更是对其教育理念、办学方向及人才培养模式的全面挑战。

　　以科学发展观为指导，秉持"以人为本"的教育哲学，构建和谐的校园文化氛围，被视为提高学院整体教育水平的关键路径。这意味着，在教学实践中，不仅要注重学生的知识技能培养，还要关注其道德品质、创新能力和团队合作精神的塑造。同时，加强与产业界的紧密联系，开展产学研合作，也是提高学生实践能力和社会适应能力的有效手段。通过这些措施，可以更好地实现教育与社会需求的对接，促进学生的全面发展，从而为国家和社会培养更多高质量的人才。

　　在现代社会中，法律作为维护社会秩序、保护公民权利的重要工具，其地位和作用日益凸显。随着时代的发展和社会的进步，法学教育作为培养法律专业人才的核心环节，其改革和发展受到了前所未有的关注。作为法学教育的主要实施场所，高校的法学教育改革与大学生法律意识的培养，不仅直接关系到法律人才的质量，也深刻影响着整个社会的法治化进程。

　　本书旨在响应党中央和教育部关于培养卓越人才及全面提升高等教育质量的号召，遵循"知识传授与能力培养并重、理论教学与实践教学相辅相成、教师引导与学生自主学习相结合"的现代教育理念。目标是构建一套既符合21世纪中国高等教育发展趋势，又能满足社会实际需求的新型教育体系，重点培养具备广泛基础知识、良好综合素质和强大创新能力的应用型、复合型法律职业人才。

　　为了实现这一目标，本书将深入探讨如何优化课程设置，加强案例教学和模拟法庭等实践活动，增强学生的法律实务操作能力；同时，也将关注如何通过多样化的教学方法激发学生的学习兴趣，培养他们的批判性思维和解决问题的能力。此外，还将探讨建立有效的师生互动平台，在鼓励教师发挥指导作用的同时，充分调动学生的积极性和创造性，形成良好的教学生态环境。通过这些努力，旨在为我国法治社会的建设贡献更多高素质的法律人才。

　　本书在写作过程中查阅了大量的书籍和论文，虽然力求知识全面、内容深刻，但由于主客观原因，难免存在种种遗漏和缺陷。对此，希望各位专家、学者和同仁提出宝贵意见，以求本书得到进一步的修改和完善。

目 录

第一章　绪　论 ……………………………………………………… 1
第一节　法学基本理论 ………………………………………… 1
第二节　法学教育的一般原理 ………………………………… 5

第二章　法学教育教学模式的改革 …………………………………… 9
第一节　我国现行法学教育的改革 …………………………… 9
第二节　法学教育教学方法的改革与创新 …………………… 13
第三节　法学教育教学模式的革新 …………………………… 19

第三章　法学实践教学的形式与更新 ………………………………… 40
第一节　实践性教学与法学本科教育目标反思 ……………… 40
第二节　法学实践教学形式的完善和更新 …………………… 46
第三节　社会实践与法学专业学生能力的培养 ……………… 50
第四节　法学专业学生第二课堂活动与实践能力培养 ……… 56
第五节　"对抗式"案例教学法的探索与运用 ……………… 60

第四章　高校法学教育实践教学模式探索 …………………………… 65
第一节　法学教育实践教学目标指引性设计 ………………… 65
第二节　法学教育实践教学模式系统化建设 ………………… 70
第三节　法学教育实践教学形式多元化发展 ………………… 82

第五章　高校法学实践教学支撑体系与运行体系构建研究 ……… 120
第一节　高校法学实践教学支撑体系的构建 ………………… 120
第二节　高校法学实践教学运行体系的构建 ………………… 127

第六章 高水平大学卓越法律人才培养的方案与模式 ………… 129
第一节 法学新兴分支学科课程纳入卓越法律人才培养中的思考 … 129
第二节 论我国卓越法律人才培养的法学教育模式 …………… 134

第七章 法律人才培养创新 …………………………………… 143
第一节 法律社会人才培养模式的探索与实践 ………………… 143
第二节 关于在法学本科生中全面推行导师制的思考 ………… 148

参考文献 …………………………………………………………… 154

第一章 绪 论

第一节 法学基本理论

一、法律的本质

法律是由立法机关或相关国家机关制定，并由国家权力保障执行的行为准则的集合。它涵盖宪法、基本法律、普通法律、行政法规以及地方性法规等多种规范性文件。法律的本质是反映并维护统治阶级的意志。作为一种阶级统治或阶级专政的工具，它通过确立人们的权利与义务来调节利益分配，进而影响个人的行为动机和社会关系，实现统治阶级的目标和要求，保持社会的稳定与秩序。

法律的形成并非孤立无援，而是深深植根于特定的社会经济背景之中，特别是人们的生产方式和交换方式。这些经济活动条件决定了社会的基本结构和关系，从而影响法律的内容和形式。统治阶级利用法律作为表达和实施自己意志的手段，旨在维护自身的统治地位和利益。因此，法律自诞生之初，其核心属性便是统治阶级意志的体现。这蕴含着丰富且深刻的意义，主要体现在以下三个方面。

（一）法律反映统治阶级的意志

掌握国家政权的阶级被称为统治阶级。法律并非反映个人或全体社会成员的意志，而是体现在政治和经济上占据主导地位、掌控国家权力的统治阶级的总体意愿。这种总体意愿是统治阶级内部各派别成员在协调沟通后达成的共识，而非单一集团或成员个人意志的展现，也不是统治阶级内各成员意志的机械相加。

（二）法律：体现国家意志中统治阶级的意愿

在阶级社会中，法律是统治阶级意志的体现。这种意志通过特定个人和国家机关的活动得以实现。个人和国家机关通常代表某个阶级的利益和意志，但在统治阶级中，并非所有的意志都能成为法律。只有那些通过国家正式程序制定或认可，具有普遍约束力，并由国家强制力保障执行的统治阶级意志，才能被称为法律。

具体而言，法律的形成是一个复杂的过程。它不仅需要反映统治阶级的整体利益和共同目标，还需要通过国家的立法机构进行审议和确认。在这个过程中，代表统治阶级的个人和机关扮演着关键角色，他们负责将统治阶级的意志转化为具体的法律条文。这些条文要想成为真正的法律，还需满足几个条件：一是必须经过合法的程序制定或认可；二是必须具有普遍适用性；三是必须能够依靠国家的强制力来确保其执行。

因此，法律不仅仅是统治阶级意志的简单反映，而且是这一意志经过国家机器过滤和加工后的产物。在这个意义上，法律不仅是统治阶级维护自身利益和社会秩序的工具，也是实现社会公平正义、促进社会和谐发展的重要手段。通过法律，统治阶级不仅能够有效地管理和调控社会，还能确保其意志在社会生活中得到广泛而深入的贯彻。

（三）法律条款受统治阶级物质生活环境的影响

若要全面理解法律的本质，我们需要深入探索统治阶级意志背后的物质生活条件。这些条件不仅塑造了人们的法律需求，更是从根本上定义了法律的性质。统治阶级的物质生活条件，主要包括地理环境、人口状况和生产方式等方面。其中，生产关系和经济条件，尤其是受生产力水平制约的部分，具有决定性的影响力。

进一步来说，地理环境、人口状况和生产方式等物质因素构成了社会的基本结构，对社会的发展方向和速度产生深远影响。这些因素决定了一个社会的生产力水平，而生产力水平又进一步决定了生产关系和经济基础。生产关系和经济基础是社会的基石，它们不仅影响统治阶级的利益和需求，也决定了法律的内容和形式。

法律的国家意志性和物质制约性是辩证统一的。法律是统治阶级意志的体现，由国家机关制定和执行；同时，这种意志又受到物质生活条件的深刻影响和制约。因此，我们不能只看到物质制约性而忽视国家意志性，反之亦然。两者相互依存，共同塑造了法律的本质和功能。

总的来说，所有统治阶级的法律都是在特定的物质生活条件下产生的。地理环境、人口状况、生产方式等因素通过影响生产力水平和生产关系，进而决定了统治阶级的意志和法律内容。只有全面考虑这些因素，我们才能深入理解和把握法律的本质，以及其在社会中的功能。

二、法律的基本属性与特点

法律的实施依赖于国家的强制力。与其他行为规范如道德、纪律等不同，法律实施的背后有强大的国家力量支持。道德、纪律等规范主要依靠社会舆论、个人信念、传统习俗和教育等方式来维持和实施，法律则通过国家的强制力和执法部门来确保其效力。这一特点使得法律在众多行为规范中显得尤为独特和重要。

法律的基本特征可以概括如下。

（一）一种独特的社会行为规范

社会规范是维系社会秩序与人际关系的基石，它涵盖法律、道德、宗教以及习俗等多个层面，构成了社会成员共同遵守的行为准则。这些规范主要分为两类：一类是具有强制力的法律规则，另一类则是非强制性的伦理道德和社会习俗。法律作为社会规范的核心，通过明确的规定指导人们的行为，指明在特定情况下哪些行为是被允许、鼓励或禁止的。

法律具备以下特点：一是规范性。它为大众行为设定了具体的准则和方向。二是普适性。法律适用于全体社会成员，在一般情况下具有广泛适用性，且在其有效期内可重复适用。三是平等性。在相同条件下，对所有人一视同仁，确保"法律面前人人平等"的原则得到贯彻。四是可预见性。使公民能够预知自己的行为可能带来的法律后果。凭借这些特性，法律不仅塑造了社会行为模式，还为评价个人行为是否合法提供了明确的判断标准。

（二）国家制定或认可的社会行为准则

法律作为社会行为规范的重要组成部分，其独特性在于它是由国家通过特定机构按照法定程序制定或确认的。国家制定法律主要有两种途径：一是通过立法过程创设新的法律规定；二是将社会中已有的习俗或道德标准提升至法律层面，即通过官方渠道赋予这些规范法律效力。

在第一种途径中，专门的国家机构会遵循一套固定的程序，包括但不限于法律草案的起草、审议、修订，以及最终的批准与公布，从而构建新的法律法规体系。在第二种途径中，那些在民间长期形成并被人们广泛接受的习惯或道德规则须经过评估，然后得到国家的正式认可，才能成为具有约束力的法律条文。这种方式既体现了法律对社会现实的尊重，也促进了法律与社会习俗的和谐共生。

此外，需要注意的是，除了法律之外的其他行为规范，如道德、礼仪等，并非由国家机构制定，而是基于社会共识自然形成的。尽管它们在日常生活中起着重要作用，但它们不具备法律那样的强制力。

（三）塑造社会秩序、确立权利与义务的基石

法律作为社会管理的工具，其主要目的是确立个人和社会群体的权利与义务，以此体现和维护统治阶级的利益，并协调社会各方的关系。为实现这一目

标，国家会将有助于巩固统治阶级地位的社会实践和关系模式转化为具体且明确的行为规范，使其成为全体公民共同遵守的基本准则。

具体来说，法律明确公民有权进行的行为、必须履行的义务以及严禁进行的行为。这些规定不仅引导人们的行为，还确保社会秩序的稳定与和谐。法律不仅反映当前社会的规则，还推动社会朝着更加有序、公平的方向发展。同时，法律也为解决社会矛盾提供了合法途径，增强了国家治理的有效性和合法性。

总之，法律作为一种社会管理工具，通过界定个人和社会群体的权利与义务，既维护了统治阶级的利益，又协调了社会关系，实现了社会秩序的稳定与和谐。同时，法律还为国家治理提供了有效的手段，促进社会的有序发展和公平正义。

（四）以国家强制力保障实施的社会规范

法律通过调整社会关系和维持社会秩序，确保其所代表的统治阶级意志能够在社会生活中得以实现。然而，法律的实现并非自然而然的，而是需要一系列严密而有力的措施来保障其实施。这些措施构成国家机器的核心部分，旨在促使公众遵守法律规定，并对违法行为进行有效惩处。国家机器包括军队、警察、法庭和监狱等机构，它们的存在和运作是法律得以贯彻执行的重要保障。这些机构不仅能够对公民的行为进行监督，确保其符合法律规定，还能对违法者施加相应的法律制裁，从而维护法律的权威和社会的稳定。

值得注意的是，所有社会规范的实施都依赖于某种形式的强制力，唯有法律的实施依赖于国家提供的强大强制力。这种强制力的行使必须严格遵循法律的规定，确保其合法性。没有国家强制力的支持，法律将难以在全社会范围内得到有效执行，最终沦为无实质效力的文字。因此，国家强制力不仅是法律实施的后盾，也是维护社会公正和秩序不可或缺的力量。通过这一机制，法律不仅能够有效地调整社会关系，还能促进社会和谐与发展，确保社会成员享有平等的权利和自由。

（五）对社会具有普遍约束力的规范体系

在法治社会中，法律对所有社会成员具有普遍约束力，确保公民在法律面前享有平等地位，无一例外。无论身份高低、贡献大小，所有人都要遵守法律规定，享受同等法律保护，承担相同的法律义务。这表明，每个人都有权得到法律的保护，也都有责任履行法律规定的各项义务。一旦有人违反国家法律，无论其背景如何，都将依法受到相应的法律制裁，承担相应的法律责任。这一平等原则不仅彰显法律的公正性，也增强社会成员对法律的信任与支持，推动社会和谐稳定。通过此制度设计，法治社会更能有效保障公民的权益，维护公平正义。

第二节 法学教育的一般原理

一、法学教育：构建三维人才培养模式定位

法学教育在我国法治人才培养、传播法治理念以及推动法治中国建设方面具有举足轻重的地位。其核心在于构建一个立足于我国法治实践的高质量人才培养体系，旨在推动法律共同体的建设，成为我国法治进程的重要标志。具体而言，我国法学教育的目标是培养具有三个维度特质的法学人才。一是学生须具备深入理解法治本质与精髓的深刻思维；二是他们应具备广泛的知识储备，不仅精通法律专业知识，还能跨学科地掌握社会、经济、文化等多领域知识；三是他们必须具备强大的实践能力，能在实际工作中灵活运用所学知识解决复杂的法律问题。

这种三维人才培养模式有助于学生形成全面而系统的法律思维，并能有效促使他们将理论知识转化为实际工作能力，为我国法治建设提供智力支持。通过这种教育方式，我们不仅能够培养出一批批高素质的法律专业人才，还能提升整个社会的法治意识，为实现法治中国的伟大目标奠定坚实基础。

（一）思维的深度探析：洞悉复杂世界的智慧之光

我国的法学教育极其重视学生思想素质的培养。具体来讲，学生不仅需要具备法律理性思维，还要有扎实的法律知识功底，以及熟练掌握法律技术。为实现这一培养目标，法学教育应注重提升学生的思维深度，通过系统化教育和训练，使学生从全局上提升思维高度，学会用批判性视角分析和解决问题。

要实现这一目标，关键在于加强法学理论教育与实践训练。通过深入学习法学理论，学生可以构建稳固的法律知识体系，理解法律背后的原理与逻辑。同时，通过多样化实践训练，学生可以将理论知识应用于实际情境，提高解决实际问题的能力。理论与实践相结合的教学模式，既有助于学生形成全面、深刻的法律思维，也能激发学生的创新意识，提升其实践能力，为他们未来的法律职业生涯奠定坚实基础。这种教育方式既有利于培养高素质法律人才，也有助于优化和推动全社会法治环境的发展与进步。

（二）拓宽知识领域，丰富人生阅历

我国法学专业的学生在深入研习法学知识的基础上，还需广泛涉猎其他领域，尤其是与法学密切相关的学科。这种做法既能拓展学生的知识视野，也能让学生在实际应用中实现知识的融会贯通，做到学以致用。因此，法学教育应与其

他学科紧密协作，促进各类知识领域的交流与融合。

具体来讲，法学教育可通过积聚式和储备式的方法，将各教学科研领域的知识有机结合，构建多元化的知识体系。这不仅能帮助学生打造更全面的知识结构，还能激发他们在跨学科领域的创新思维，并培养实践能力。最终，通过这种教育模式，我国高校将培养出大批既精通法学又有丰富实践经验的高素质法律人才，为我国法治建设提供坚实的人才保障。

这种跨学科的教育理念，不仅有助于学生在职业生涯中更好地应对复杂多变的法律问题，还能推动法律行业与其他行业的深度融合，提高社会整体的法治水平。通过培养这样一批具有综合能力的法律人才，我国法学教育将在实现法治中国的伟大进程中发挥更大的作用。

（三）实践出新知，力度成就辉煌

法学专业既充满理论深度，又强调实践能力。因此，法学理论与实践教学相结合，是其教育核心的重要体现。我国法学本科教育的重要目标之一，就是着力提升学生在法律实践中的综合素质。这一目标的实现，既需要整体的教育规划，也需要创新的教学方法。

具体来说，法学教学方法应多元化，既要重视理论知识的传授，也要加强案例分析、诊所式教学等实践环节的落实，以此提升学生的综合能力和职业素养，增强他们对法律共同体的认同感及职业伦理意识。

为实现这一目标，我们应加大实践教学的推行力度，确保学生有充足的机会参与实际法律事务，以此锻炼他们将理论知识应用于实践的能力，以及解决复杂问题的能力。对实践教学进行深入的理论研究也至关重要，通过研究总结实践经验，可以不断优化教学内容和方法，使之更贴近实际需求，更好地服务于学生的成长和发展。

在三维法学人才培养模式中，实践教学的地位举足轻重。这一模式致力于实现理论与实践的深度融合，旨在培养出既有深厚法学底蕴又有丰富实践经验的高素质法律人才。虽然这一培养模式的具体目标定位存在争议，但实践教学无疑已成为当前法学教育研究的焦点。通过不断探索实践教学方法，我国的法学教育不仅能满足社会对法律人才的需求，更能为法治中国的建设提供强大的人才支持。

二、法学专业课程设置与法学人才培养模式探讨

在社会主义市场经济条件下，法律服务的方向和内容主要由市场需求所决定。随着我国经济的蓬勃发展，高等教育对专业人才的培养也需紧跟市场步伐，精准预测并调整人才供需状况。在这一过程中，学校需根据内外部环境变化，结合自身条件、市场需求以及学生兴趣和职业规划，灵活调整人才培养模式。

对于本科阶段的学生而言，大学期间的学习重点在于奠定扎实的基础并拓宽知识领域。以国际法学专业为例，学生不仅要全面掌握国际法知识，还需具备扎实的国内法律基础。因为，学生只有深入理解本国法律体系，才能更好地应用国际法律规则，在全球化背景下胜任各种复杂的法律工作。若忽视国内法律基础知识的培养，国际法学教育的成效将大打折扣，难以培养出真正符合市场需求的高素质法律人才。

因此，高校在制订国际法学专业人才培养方案时，应充分考虑国内法律基础知识的培养，确保课程设置既能涵盖国际法核心内容，又能兼顾国内法律基础知识。同时，学校还应鼓励学生积极参与模拟法庭、法律援助等实践活动，以提高学生的实际操作能力和职业素养。通过综合培养，学生不仅能构建全面的知识体系，还能在实践中锻炼综合能力，为未来在法律行业就业做好充分准备。

三、教学部门组织架构及其人员素质标准

我国的法学教育专业设置以学生为中心，并与教研室体制紧密结合。因此，专业划分的改革与教研室体制的改革密切相关。目前，我国多数法律院系都设有教研室，这些教研室不仅承担着学术研究和教学任务，还兼具行政管理职能。这一体制的建立，一方面极大地促进了教师的培训和发展，另一方面也有利于提高教师的学术研究水平和教学水平。然而，随着时代的变迁，这种传统的教研室体制已逐渐显现出不适应性，无法完全满足新的发展需求。

教研室体制的改革不应孤立进行，而应与专业设置的改革和高等教育人事制度的改革同步推进。近年来，随着信息技术的快速发展，教研室体制的改革步伐也在不断加快。2022年6月11日，教育部启动首批虚拟教研室建设试点项目，在线上举行"法学专业虚拟教研室"启动仪式。法学专业虚拟教研室将充分利用现代信息技术手段，推动资源共享和共建，通过信息化技术赋能法学教学和研究，将最新的社会主义法治国家建设经验和生动案例融入法学院校的课堂教学中，大力推动习近平法治思想进教材、进课堂、进学生头脑。

这一举措不仅为法学教育带来新的活力，也为教师提供了更加广阔的发展平台。虚拟教研室的建立，不仅能够促进教师之间的交流合作，提升教学质量和科研水平，还能更好地适应学生多样化的学习需求，提高学生的综合素质和实践能力。通过这些改革，我国的法学教育将更加符合新时代的要求，为培养更多高素质的法律人才奠定坚实的基础。

法学专业虚拟教研室的成立，对于整合全国法学院校优质教学资源、提升法学教育质量具有重大意义。此外，虚拟教研室还应着重关注以下几个方面。

第一，加强法学理论研究。虚拟教研室应积极投身法学理论研究，特别是在

智慧司法领域，探讨新技术对法律实践的影响，推动法学理论的创新发展。

第二，推动科研成果转化。借助虚拟教研室平台，实现科研成果的转化与应用，协同解决智慧司法领域的实际问题，提高司法效率和公正性。

第三，促进资源开放共享。充分发挥虚拟教研室的优势，打破地域和院校限制，实现优质教学资源的广泛共享，让更多师生受益。

第四，提升互联网司法影响力。通过虚拟教研室，提升我国在互联网司法领域的国际影响力，增强网络空间治理方面的国际话语权和规则制定权。

法学专业虚拟教研室的建立为中国法学研究开启新篇章。它实现了跨院系、跨学校、跨地区的合作，汇聚众多教研成果，为法学教育和研究注入新活力。法学专业师生借此平台可获得更多优质资源和学习机会，推动法学教育全面发展。虚拟教研室的运行机制和模式也为其他学科教育改革提供借鉴，有望推动高等教育领域的创新与发展。

第二章 法学教育教学模式的改革

第一节 我国现行法学教育的改革

我国市场经济体制日益完善，加入WTO（世界贸易组织）后，市场主体逐步融入全球市场，同时，建设政治文明的需求迫切，依法治国进程不断推进。在这样的背景下，21世纪我国对复合型法律高级人才的需求急剧增加。然而，现行的法学教育体制已无法满足这些需求，因此有必要以开放的态度积极改革和完善法学教育，将其提升至新的高度。

西北政法大学孙晓楼教授曾强调："我们的法律教育目标是借鉴外国科学方法，培养符合我国国情的法律人才。"虽然我们不主张全盘接受他国教育模式，但研究和吸收其他国家教育的优点是积极改革和完善我国法学教育的重要环节。通过对英美法系和大陆法系法学教育经验的比较，本书提出以下改革我国法学教育的建议。

一、定位法学教育目标，优化教学资源，培育法学专业优秀人才

当前，我国的法学教育体系主要分为大众教育和精英教育两个层次。大众教育旨在为基层、社区及各类企事业单位培养法律人才，其目标是提高全民法律意识、普及法律知识，并解决一般性法律事务。因此，具备基本办学条件和资格的院校都可以参与这一层次的法学教育。

相比之下，精英教育则专注于立法、司法以及涉外法律服务领域的人才培养。这一层次的教育质量直接关系到法官、检察官和立法者的队伍建设，关乎司法公正、立法质量和国家的国际形象。因此，对提供精英教育的主体必须有严格的规定和标准，以确保高质量的教学。

为了优化法学教育资源配置，建议由教育部会同法学学科指导委员会等相关机构，在适当的时候对全国所有开设法学专业的学校进行全面评估。根据各校的办学实力、师资队伍和生源状况，采取以下措施：对于不符合办学条件的学校，

坚决予以撤销；对于符合条件的学校，则应保留或合并；对于办学条件优越的学校，应加大财力和物力支持，促使其进一步发展壮大，形成规模效应。此外，司法机关、立法机关及其他法律服务机构通过加强与这些院校的合作，可以充分利用其教学资源和师资优势，培养出既具有深厚理论知识，又具备强大实践能力，且精通外语的高素质现代法律人才。

值得注意的是，德国之所以能够持续孕育出享有国际声誉的法学大家，与其大学提供的宽松学习环境密不可分。借鉴德国模式，对于接受精英教育的学生，本科阶段的学习年限不应局限于4年，可根据需要延长至5年或6年。同时，在读硕、读博和就业方面给予优待，例如实施免试读研的"直通车"制度。这不仅可减轻学生的学习压力，还能让他们根据个人兴趣自由探索法律研究的乐趣，从而为未来从事法律职业打下坚实的基础。

总之，通过对法学教育资源的合理整合和优化配置，我国可以在满足社会广泛法律需求的同时，不断培养出符合时代要求的高素质法律专业人才。

二、优化教材与学科体系，拓宽相关领域训练，加强实践技能培养，全方位提升学生综合素质

在中国法学教育面临的诸多挑战中，教材问题尤为关键，这直接关系到教育与教学改革的核心。当前的法学教材存在以下主要问题：一是教材的内容陈旧，缺乏与时俱进的新内容，特别是适应全球化经济和法律环境的内容匮乏，部分教材甚至未能清晰阐述学科的基本概念和原理。二是教材往往侧重于法律条文的解释，而忽略了具有时代精神的新观点，如全球化经济、可持续发展等对法学的要求及应对策略。这反映出法学教育在某些方面的不成熟。三是还存在同类教材内容重复以及跨学科知识重复的问题，甚至不同教材之间存在矛盾之处，比如"法治"的定义。

为了改善这些问题，增强教学效果和全面提升学生的综合能力，相关院校应从以下几个方面着手。

第一，鼓励教师进行教学研究。加强教师对课程内容的理解和掌握，利用现代电子教学设备（如投影仪、幻灯机、录像机、计算机等）转变传统教学模式，更多地采用讨论、案例分析的方法，并引导学生自主阅读，注重科研前沿成果、法律实践经验及跨学科知识的传授。

第二，拓宽课程选择范围。除了教育部规定的16门核心法学课程外，增加其他法学及非法学课程的选择，包括经济学、心理学、历史学、社会学、政治学乃至数学、生物学、音乐学等相关素质训练课程。邀请非法学领域的专家、法官、检察官、律师等专业人士参与教学，以开阔学生的视野和社会认知，激发其

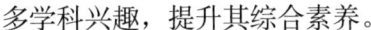

多学科兴趣，提升其综合素养。

第三，优化实践教学安排。根据不同的教育层次，设计差异化的教学实践活动，避免学生只在司法机关实习，以提高实习质量。对于"诊所式"的法律教育模式，应在条件允许的情况下扩大实施，但需考虑经费支持、实际效果和学生受益面等因素。借鉴德国和英国的经验，可以通过立法完善实践教育体系，例如在精英教育培养方案中设置学术交流、案件讨论等实践环节，强化理论与实践的结合。

通过上述措施，可以更有效地解决现有法学教育存在的问题，推动法学教育的全面进步。

三、加强法律职业道德教育，培养法律职业伦理素质

随着我国社会的不断进步和民主法治建设的深入，追求效率、维护公平的价值观已逐渐成为社会主义建设的重要目标。要实现这一目标，关键在于执法、司法人员和法律服务工作者能否严守法律职责，做到公正执法。这又取决于他们是否拥有丰富的法律知识、高超的法律技能和优秀的法律职业素养。

在此过程中，思想政治工作和法律职业道德教育具有举足轻重的作用。若无法律职业道德的支撑，现代法律职业将难以正常运作。我国的司法腐败现象与长期以来对法律教育职业性特点的忽视，特别是与法律职业道德教育的不足密切相关。这导致司法队伍缺乏共同的法律职业教育背景，进而影响整体素质和职业操守。

确实，这些问题与我国教育体制和方式有关，但更直接的原因在于法学教育目标不明确。法学教育的首要任务是培养具备社会服务意识和为国家利益奋斗的法律人才。这类人才须具备扎实的法律知识，以便理解和完善法律；还须具备广泛的社会常识，以便适时运用法律；更重要的是，他们必须拥有高尚的法律职业道德，才有资格从事法律工作。

法律教育工作者需关注这三个方面，以管理和引导法律学院的教学活动，同时在这些方面塑造学生品格。这旨在引导他们毕业后成为社会所需之人才，避免滥用法律知识，对社会造成负面影响。我们应聚焦于实现法律教育的核心目标：推动社会正义、保障公平，以及维护法律职业团体的社会声誉。为实现这些目标，必须加强法律从业者的职业道德教育，使他们严格自律，不断提升道德品质。

法学学子在大学期间不仅要学习法律知识，为未来法律职业生涯奠定基础，还要培养正确的价值观。这一阶段的思想状态和道德水平将在很大程度上决定未来法律职业群体的整体道德风貌。年轻人的思想处于成长阶段，具有较高的可塑

性，为深入进行职业伦理教育创造了有利条件。因此，全面提升法律职业团体的职业道德标准需要从大学法学教育这一重要环节入手，加强学生的职业道德培养，教导他们如何在职业生涯中坚守职业原则、保持清廉。通过这种方式，推动整个法律行业朝着更加健康、公正的方向发展。

在当前的法律教育体系中，各法律院校亟待开展有针对性的法律职业伦理教育。在教学过程中，教师应摒弃空洞的理论传授，转而采用实践性强、生动形象的教学方式。通过具体案例的展示，无论是正面的典范还是反面的教训，都能帮助学生树立正确的法律职业观念。这种方法不仅能强化学生对法律职业的敬畏感、自豪感和使命感，还能深化他们对法律价值的理解和认同，培养他们对公平正义的深厚情感和坚定的法治信仰。同时，鼓励他们在行为上自律，待人宽厚，不断提升道德修养。

值得注意的是，仅靠法律职业伦理课程并不能全面提高学生的职业道德水平。职业道德教育应贯穿法学教育的始终，包括课堂教学和课外活动。教师的一举一动都潜移默化地影响学生的思想和品德，因此，教师自身必须严格遵守职业道德规范，尤其处理兼职等外部事务时，更应展现高度的职业操守，以身作则。此外，教师还应创造机会，让学生参与法律实践，通过亲身体验深化对法律职业伦理的理解。

令人欣慰的是，近年来，许多高校已开始重视学生的诚信教育，并将其视为评价学生综合素质的关键要素。这一趋势不仅有助于提高学生的整体道德水平，还为他们未来步入法律行业奠定了坚实基础。通过不断努力和创新，我们有理由相信，未来的法律从业者将具备更高的职业素养和社会责任感，为社会发展和进步做出更大贡献。

四、改革传统办学理念，深入推进法学教育创新，全力提升教学质量

为了确保教育的卓越性和持久性，一个学校乃至一个国家的教育体系都必须将教学质量视为核心要素。在英美法系和大陆法系的主要国家中，它们之所以能够长久保持其法律体系的生命力，很大程度上归功于对法学教育的高度重视，以及灵活多样的教学方法和模式。

针对我国法学教育现存的问题，提升教学质量应成为各校发展的首要任务。我们需革新传统教育模式，深入推动教育改革，力求在办学理念和质量上取得突破。具体而言，在确立办学方向时，国家应该加强对法学教育机构资格的审核。同时，调整教育资源分配，减少大中专层次的招生，强化本科阶段的教学，并逐步扩大研究生教育的规模，规范成人学历教育，增加职业教育的比重。

各法学教育单位应当认识到，单纯追求招生人数的增长而忽视教学质量的

提高是不可持续的发展路径。只有专注于提升教育品质，打造具有特色的教育项目，才能为法学教育和学校的发展开辟出新的道路。在学校管理方面，应从传统的行政导向转变为以教学服务为核心，确保学校的各项工作均围绕提高教学质量和完善师生服务展开。尤其在人事任命和管理政策上，应摒弃论资排辈的传统观念，严格把关教师任职标准，大胆起用具备科研创新能力及出色教学技能的年轻教师参与一线教学。此外，学校积极邀请拥有丰富实践经验的法官、检察官和律师到校任教或参与教学活动，鼓励教师投身法律实务工作，从而加强理论与实践的结合，为高质量的教学提供坚实的基础。

随着高等教育的普及，尤其是法律硕士教育的快速发展，高素质法律人才的培养显得尤为重要。然而，面对研究生教育规模的持续扩大，现有师资力量可能难以适应这一变化。现实中，许多导师同时指导多名研究生，加之教学、科研和行政等多重任务，导致师生交流减少，这对高质量培养显然不利。为此，我们应考虑放宽研究生导师资格的限制，让更多年轻且具备强大科研能力的教师参与研究生指导。借鉴英国的成熟经验，研究生的招生数量及导师资格可以与导师的科研项目相挂钩，而非仅以职称高低为依据。这意味着，只要教师拥有国家权威学术机构立项的科研项目，不论其职称高低，都可以在一定期限内招收并指导研究生。反之，即使是一些著名教授，若缺乏在研的科研项目，也不宜继续指导新的研究生。

这样的调整不仅能保证研究生教育的质量，还能激发学生在导师指导下进行科研创新的热情。此外，它鼓励法学本科生尽早参与教师的科研活动，通过实际调研和研究工作，提升他们的学习主动性和实践能力。这一机制有助于培养出更多的优秀人才，同时促进校园内的学术氛围建设。综上所述，优化研究生导师的选拔机制，将科研能力和项目作为主要评价标准，将为我国法学教育注入新的活力，提升教学质量，并为未来法律人才的培养奠定坚实基础。

第二节 法学教育教学方法的改革与创新

法学作为一门既强调理论深度又重视实践应用的学科，要求其从业者不仅要拥有坚实的理论基础，能够在复杂多变的案件中准确识别和应用法律原则，还需要具备丰富的实战经验和高超的职业技能，能够灵活应对各种实际挑战。因此，高等院校在培养法律专业人才时，理应将理论研究能力和实践操作能力的双重培养作为最高目标。但在实际操作中，当这两方面难以兼顾时，高校应该如何权衡？

过去，关于本科法学教育的性质——倾向于通识教育还是职业教育，国内法学界曾有过激烈的辩论。一方认为，本科阶段的法学教育应当侧重于广泛的知识传授，旨在为学生构建全面的法学理论框架；另一方则主张，本科法学教育应更注重职业技能的培养，为学生未来的职业生涯打下坚实的基础。随着法学教育在全国范围内的迅速扩张，法学毕业生数量激增，就业市场上的竞争变得异常激烈，法学专业逐渐成为就业难度最大的专业之一。据统计，全国约有25万名法学专业的本科生，约占在校本科生总数的3%，即每33名本科生中就有一名是法学专业的学生。面对如此严峻的就业形势，关于法学教育性质的争论已不再热烈。如今，学术界普遍认同，法学教育具有明显的职业教育特性，学校在传授专业知识的同时，必须更加关注学生实践能力的培养和职业素质的提升。

在我国高等教育体系中，课堂教学占据主导地位。因此，对传统教学方法进行大胆革新显得尤为重要。基于个人的教学经验，笔者提出以下几点建议。

一、培育法律素养与职业道德：重视学生品德教育与职业操守培养

法律与道德相互依存、互为补充，因此在法学教育中，法律职业道德教育的重要性不言而喻。法律的核心在于追求公平与正义，它涉及权利与义务的关系。教师不仅要教授学生具体的法律知识，更要传递公平与正义的价值观，引导学生以公平正义之心看待世界，帮助他们塑造积极向上的人生观和价值观，激发他们的正义感和使命感。

在教学过程中，我们应着重培养学生的权利意识，教导他们如何合法地维护自己和他人的权益，尤其关注社会弱势群体，并学会运用法律手段推动实现公平与正义。这不仅关乎个人利益，更是对社会责任的践行。同时，我们还需引导学生深刻认识到法律工作者的社会责任，让他们明白，成为一名优秀的法律工作者，不仅需要专业知识，更需要高尚的道德品质，包括善良、正直的品质，清晰的是非观，以及强烈的社会责任感和使命感。

教师在法学教育中不仅需传授法律知识，更有责任塑造学生的法律信仰，培育他们对法律权威的尊重。尊重法律是每个法律工作者的基本职业道德，只有真正地尊重法律，才能切实履行守法、用法、释法的职责。然而，现实中存在的"走关系、找门路""枉法裁判"等不良现象，可能对学生的法律观念产生负面影响，使他们质疑法律的效力和公正性。因此，教师应竭力在学生心中树立法律的神圣形象，让他们认识到法律庄严不可侵犯，即便我国法治建设仍有诸多问题，但随着社会主义法治的不断完善，法律的权威将进一步巩固。

教师还需教导学生在尊重法律的基础上展开理性批判。批判性思维是对现有法律制度的有益补充，但这种批判应建立在尊重法律的基础之上，旨在推动法律制度的改进和完善。教师应引导学生认识到，完美的制度是不存在的。我国的

法治建设已取得显著成果,民主法治理念的普及将进一步推动我国法律体系的完善。教师可在课堂上引入国际视角,对比分析国内外法律制度的差异,对中国现行法律进行质疑和批判,以拓宽学生视野,培养其批判性思维和独立思考的能力。

需要注意的是,若教师过度强调外国法律制度的优点,而对中国法律制度进行无端贬低,可能会产生反效果。这种做法易误导学生,导致他们对本国法律失去信心,甚至产生极端情绪。一位资深法学教育工作者曾表示:"教师在课堂上过度宣泄对本国法律的不满,是否意识到这种情绪的传染性?是否会无意中培养出一批蔑视本国法律的年轻人,从而使法学教育偏离正确轨道?"因此,教师在教学过程中应保持理性与客观,勇于指出问题,同时充分肯定我国法治建设的成绩,引导学生形成健康的法律观,培养他们成为具有批判精神且乐于积极建设法治社会的法律工作者。

二、探索创新教学方法,提升基础教育质量

面对日益激烈的就业竞争,许多高校为了培养具备多方面能力的综合型、复合型人才,采取增加基础学科课程、减少法学专业课时等措施,以满足就业市场对"全能型"应聘者的需求。然而,这一政策也给法学教育带来新的挑战:如何在有限的时间内,既传授必要的理论知识,又加强学生的实践技能训练?

在传统教学模式下,教师往往会详细讲解每个知识点,即使学生自行阅读教材就能理解的知识点,教师仍在课堂上反复阐述。这种做法导致如下矛盾:教师批评学生上课不专心、缺乏求知欲,而学生则抱怨课堂内容单调、乏味,认为上课听讲是在浪费时间。实际上,教师讲授的内容往往不是学生感兴趣的,而学生渴望学习的内容在课堂上也未能得到充分讲解。

这种现象的根本原因在于当前的教育方式存在一定问题。为应对这一挑战,笔者认为有必要改革传统的、程式化的授课模式。具体而言,可以适当减少基础知识讲解,采用"一课一主题"的教学方式,集中讲授关键概念和难点,同时培养学生的自主学习能力。这样既能节省时间,又能激发学生深入思考和讨论,提高课堂的互动性和实效性。

例如,教师可以设计结合实际案例的主题,让学生通过小组讨论、案例分析等形式,自主探索和解决问题。在这个过程中,教师的角色转变为引导者和促进者,帮助学生掌握学习方法,培养学生的批判性思维和解决问题的能力。此外,还可以运用在线资源、翻转课堂等现代教学手段,进一步丰富教学形式,提高教学效果。

为了提升法学教育的质量和效率,教师在每节课结束后,应告知学生下一节

节课的主题，并布置相应的预习任务，如阅读教材、参考书籍、学术论文以及相关法律法规。这种做法既能培养学生的自学能力、激发学习兴趣，又能显著提升下一节课的教学效果。当教师和学生都做好充分准备时，课堂教学将变得更加灵活和高效。

在此新模式下，教师无须再严守传统，机械地讲授每个知识点。相反，可根据课程主题及学生预习情况，重点讲解学生自身难以理解的难点和重点。例如，关于某个法律概念的基本定义、特征、意义、作用及历史发展等基础内容，学生可通过自学掌握，若在课堂上重复讲解，既没必要，又浪费教学时间；而针对某项法律制度的具体内容、相关规定、司法解释、理论争议及实务应用等复杂部分，教师应在课堂上详细讲解。

讲完理论知识后，教师可安排学生进行实践能力训练，如案例分析、小组讨论、模拟法庭、测试等。这些活动有助于学生巩固理论知识，提高解决实际问题的能力。因此，打破传统"填鸭式教学"的创新教学可分为两部分：教师解释法学理论，并通过实践活动培养学生的应用和理解能力。这种教学方式将理论传授与实践训练有机结合，有助于大幅提升教学效率。

在此模式下，学生应预先学习，上课时带着问题听讲，教师讲解的内容应针对学生真正感兴趣和需要深入研究的难点和重点。这样才能使教学与学习的错位现象得以消除，实现教与学的有效对接，使课堂成为师生共同探讨和解决问题的平台。这种教学方法既能提升学生的自主学习能力，又能培养其批判性思维和解决问题的能力，为未来职业生涯奠定坚实基础。

三、积极推进案例教学法普及，探索其广泛适用之道

自1908年案例教学法在美国哈佛大学商学院正式推行以来，目前它已在全球范围内得到推广，并成为法学教育中不可或缺的教学方式，尤其在英美国家，几乎成为主流教学模式。该方法通过教师挑选典型案例进行深度剖析，并引导学生从中提炼法律原则，实现理论与实践的结合，同时帮助学生掌握抽象理论的实际应用，使学习过程更加生动形象。

在中国，众多高校已开始引入案例教学法，但效果各异。有些教师仅将案例作为法律规则讲解的辅助，未能充分调动学生主动参与的积极性；有的教师则过分关注案例情节的描述，而忽视对学生法律思维能力的培养；还有一些教师在讨论案例时缺乏有效的总结和点评，使学生难以清晰地理解所学内容。这些现象反映出案例教学法在我国的应用尚浅，未触及教学实质。

要充分发挥案例教学法的优势，达到提升学生分析和解决问题能力的目的，这关键在于增强学生的主动性和与教师的互动性。案例教学不仅是理论解释的工

具，更是法律思维和实务技巧训练的过程。因此，教师应引导学生思考，鼓励他们表达见解，而非直接给出答案。在小型课堂中，可组织全体讨论，保证每位学生都有发言机会；在大型课堂中，则可分组讨论，每组选出代表汇报，对有争议的案例甚至可以组织辩论，以此激发学生思维活跃度，提高解决问题的能力。教师在案例教学中的作用至关重要，他们需精心挑选和准备案例，确保案例的典型性和知识点的独特性。教师应简化案例背景，凸显核心争议，设计有针对性的问题，提高讨论效率。在讨论中，教师要引导学生关注关键的法律问题，提供必要的启发，并在最后进行全面总结，评价学生的不同意见，结合实际司法案例深化学生的理解。

综上所述，案例教学法的成功依赖于教师和学生的共同努力。通过优化案例选择和讨论流程，加强师生互动，不仅能够提升学生的法律知识水平，还能培养他们的批判性思维和实际解决问题的能力，为未来的法律职业生涯奠定坚实基础。

四、将教学与职业发展紧密结合，提升学生就业竞争力

在中国当前的教育体制下，因材施教和满足学生未来的职业需求是教育的重要目标。对于法学本科学生而言，不论是成为法官、检察官还是律师，通过司法考试是他们进入法律实务领域的必经之路。因此，熟悉司法考试的命题思路、掌握考点以及提高应试技巧，这对法学本科生的重要性不言而喻。

然而，现实中却存在一个令人忧心的现象：许多法学本科生在完成四年正规教育后，面对司法考试时仍感到力不从心，甚至不如那些没有接受过系统法学教育但经过长时间备考的人表现得好。为了成功跨越这一难关，学生们往往需要在支付四年的学费之后，再参加各种名目的司法考试辅导班，承受额外的经济负担。这不仅反映了现行法学教育与司法考试要求之间的脱节，也揭示了教育资源配置的不合理性。同时，高校教师更多地投身于司考培训而非本职教学工作，导致法学教育质量下降。

值得庆幸的是，越来越多的高校已经意识到教学内容必须紧密贴合职业需求，并开始采取行动。一些学校推出如"司法考试应试技巧""司法考试题型分析与备考策略"等选修课程，受到了学生的热烈欢迎。这些课程既能帮助学生更好地准备司法考试，同时也激发了他们对法学理论学习的兴趣。

为进一步改善这一状况，建议教师们在日常教学中将理论知识传授与司法考试训练有机结合，避免出现"学的内容不考，考的内容没学"的尴尬局面。具体来说，教师可以整理近年来的司法考试题目，按照知识点分类讲解，在教授基础知识的同时穿插相关的司法考试内容，对相关试题进行详细解析，并安排针对性

的练习。这样的教学方式不仅能加深学生对理论的理解，也能让他们更熟悉司法考试的出题模式和答题技巧。

当然，任何事情都有其限度。虽然结合司法考试的训练有助于提升学生的应试能力，但这不应该占据课堂教学的全部内容。法学本科教育的核心在于为学生提供系统的、扎实的理论基础，这是他们从事法律职业的基本功，任何时候都不能忽视。因此，教师应在保证教学质量的前提下，合理地融入司法考试相关训练，使两者相辅相成，共同促进学生的全面发展。

实践教学是提升学生职业能力的重要手段。通过在实际工作环境中应用所学的法学知识，学生不仅能够解决现实中的法律问题，还能评估自己的学习效果，发现不足之处，从而激发学生进一步学习的动力。此外，走出校园的经历有助于学生更理性地规划未来的职业道路。尽管大部分法学院校已经引入实践教学模式，但在实施过程中仍然面临不少挑战。

为优化这一教育环节，首先需要调整实习的时间安排和频率。当前，由于资源有限，高校通常仅提供一两次的实习机会，而这些实践教学活动往往缺乏有效的指导与监督，导致其实效性大打折扣。为了确保实习的质量和效果，建议高校每年定期组织两个月左右的统一实习，并在毕业前夕安排一次综合性的实习体验。这将有助于学生在实践中不断成长，避免短期实习带来的表面化问题。

其次，扩大实习基地的选择范围至关重要。目前，多数学生的实习集中在法院和检察院，对于希望探索其他领域的学生来说，他们必须自行寻找机会。随着实习次数和时长的增加，应逐步开放更多样化的实习场所，如律师事务所、仲裁机构、公证处以及大型企业的法律部门等。这样不仅可以丰富学生的实践经验，也能帮助他们做出更为明智的职业选择。

最后，强化教师与实习单位之间的互动也是不可或缺的一环。带队教师应当积极介入，确保学生在实习期间得到充分的关注和支持。对于表现不佳的学生要给予必要的指导和纠正。同时，也要为遇到困难的同学提供帮助。教师的有效监督还可以防止实习单位敷衍了事，有利于营造良好的实习氛围。

总之，现代法学教育需紧跟社会发展步伐，致力于培养既掌握理论知识又具备实战经验的专业人才。因此，教学改革势在必行，且应综合考虑各种教学方法的优势，灵活调配以适应不同需求。面对当前教育体系的重重挑战，学校、教师和学生都肩负着更大的责任。作为教育工作者，我们不仅要提出建设性的意见，更要以实际行动落实教改理念，以高度的责任感迎接未来的挑战。

第三节　法学教育教学模式的革新

在法律领域，高等教育与法律职业之间的紧密联系不容忽视。一方面，法律职业的发展离不开法学教育的支撑，后者不仅为前者提供了必要的专业知识基础，还塑造了法律人的职业精神和伦理观；另一方面，法律职业的实际需求也在很大程度上引导着法学教育的方向和发展。然而，在我国，尽管法学教育一直被视为培养高层次法律人才的重要途径，且多采用较为传统的学院式教学方式，但在现实中，法律职业群体中更多的是需要那些将法律知识应用于实际案例的法官、检察官和律师等实务型人才，而非仅仅专注于法学理论研究的学者。

面对社会对应用型和跨学科法律人才持续且庞大的需求，传统法学教育模式暴露出一些不足之处。比如过于强调理论学习而忽视实践能力的培养，导致毕业生在刚进入职场时往往面临适应难题，这也是近年来法学专业学生就业率较低的一个重要原因。随着高等教育体系逐渐向更加灵活的学分制转变，法学教育也面临着如何更好地满足学生个人发展需求及社会实际需求的挑战。

因此，法学教育工作者必须深入反思现有教育模式，积极探索适应新时代要求的改革路径。这包括但不限于加强实践教学环节，如模拟法庭、实习实训等，以提升学生的实际操作能力和解决问题的能力；引入跨学科课程，鼓励学生学习与法律相关的其他领域知识，如经济学、心理学等，从而培养具备广阔视野和综合能力的法律人才；同时，还应加强与法律实务部门的合作，通过建立长期稳定的校企合作机制，为学生提供更多接触真实案例的机会，促进理论与实践的有效结合。

一、法学教育模式的转变：从"教授"走向"学习"

（一）数量与质量：何者更重要？

法学教育不仅是现代大学制度的起源，也是推动社会进步与变革的重要力量。在11世纪末，欧洲首批大学的建立便与法学教育紧密相连。这些学府不仅推动了西方法律体系的发展，更为文艺复兴的兴起奠定了理性与科学的基础。法学教育在现代文明形成过程中发挥举足轻重的作用，既整合了社会各界的力量与资源，也激发了人类的梦想与智慧，成为推动社会前进的关键引擎。

全球范围内的法学院都是追求卓越学术成就的理想之地，众多才华横溢的学生在此接受训练，成为推动人类制度文明发展的领军人物。在美国的政治领袖中，许多人都拥有深厚的法学背景，他们所掌握的法律知识与理念，成为其执政或领导国家的关键资本。因此，法学及其教育体系一直是西方社会文化与文明的重要支柱。

虽然我国的法学教育并非直接源于这一传统，但自近代以来，中国的法学教育取得了显著成就，在全球法学界占据一席之地。然而，当前我国法学院面临的挑战也不容忽视：社会经济环境的变化使得传统教学模式难以满足新时代对法律人才的需求，学生就业难、实践能力不足等问题日益突出。这些问题不仅影响法学院教育的质量，也动摇了人们对法学院未来发展的信心。

为了延续并发扬法学的光辉历史，我国法学教育亟须进行深刻的改革。这包括更新教学内容，引入更多实践性和跨学科的课程，创新教学方法，如加强案例分析、模拟法庭等互动式教学手段的应用。此外，高校还需加强与司法实务界的联系，为学生提供更多的实习机会，帮助他们更好地适应未来的职业生涯。通过这些努力，我国法学教育不仅能够培养出更多符合时代需求的法律人才，还能在全球法治建设中发挥更大的作用，继续书写属于自己的辉煌篇章。

自改革开放以来，我国法学教育经历了快速发展的阶段，取得了显著的成绩。法学本科招生人数从1997年的16537人到1999年的32586人，再加上研究生和专科层次的教育，如今每年的法学专业招生人数接近10万人。这一数字表面上看起来令人振奋，但对于身处法学教育领域的人来说，却有不少忧虑和挑战，尤其是关于法学教育规模的问题。

2006年春季，南京大学法学院向其校友发出倡议，请求帮助解决毕业生的就业难题。考虑到南京大学在中国高校中的排名及其社会影响力，这样的求助显得格外沉重。尽管最终160名毕业生中有16人成功进入法院和检察院工作，其余同学的就业情况也相对较好，但这并不能掩盖其他院校法学毕业生面临的就业压力。每年近10万名法学院毕业生进入市场，而中国法院、检察院、司法行政部门每年新增岗位约2万个（据公开数据估算），且这些岗位中还包括不少非法律专业的人员。这意味着，即使加上律师行业和其他相关领域的新增需求，现有的法学教育规模仍然超过市场需求。

面对如此严峻的供需矛盾，在当前教育普及化的大背景下简单地减少法学专业的招生数量似乎并不现实，因此，我们需要从另一个角度来审视这个问题。如果法学院不仅仅为少数通过司法考试成为"法律人"的学生服务，而且能够培养出适应社会广泛需求的复合型人才，那么法学教育就能突破当前的数量瓶颈。这意味着，法学院应该设置更加多元化的课程，不仅仅局限于传统的学院派知识，而是要让学生能够根据社会的实际需要进行自我调整和提升。

换句话说，法学教育面临的不仅是数量上的问题，更是质量上的挑战。这涉及教育目标、教学内容、教学方法以及教育评估等多个层面的深刻变革。例如，教育目标不应仅限于培养专业的法律工作者，还应注重培养学生的综合素质和创新能力；教学内容应更加贴近实际，增加案例分析、社会实践等内容；在教学方法上，应鼓励师生互动，采用讨论式、项目式等多样化的教学形式；在教育评价方面，则需建立更为科学合理的考核体系，重视对学生实际能力的考核。

通过上述改革，法学教育不仅能够提高毕业生的就业竞争力，还能更好地服务于社会发展的需要。长远来看，这将有助于构建一个更加健康、可持续发展的法学教育生态系统，确保每一名法学毕业生都能找到适合自己的舞台，在实现个人价值的同时也为社会做出贡献。

（二）以教师为中心的法科教育模式

2003年5月27日，河南省洛阳市中级人民法院的女法官李慧娟，在一起种子纠纷案的判决书中指出，《河南省农作物种子管理条例》作为地方性法规，其与《中华人民共和国种子法》相冲突的条款自然无效。这一判决立即在河南乃至全国范围内引发广泛的讨论和争议。河南省人大常委会随后作出决定，要求对李慧娟法官进行免职处理。对此，有四位律师向全国人大常委会提交审查《河南省农作物种子管理条例》效力的请求，蔡定剑、董槿等知名法学教授也在媒体上发表评论。这起事件不仅影响当事人李慧娟的职业生涯，也引发法律界内外人士的深刻反思。

对于法学教育界而言，尽管对李慧娟事件的看法各异，但大家普遍认同以下几点：一是李慧娟是一位品行端正、动机良好的法律专业人士；二是她的判决虽然存在争议，但在法理上有一定的依据；三是李慧娟的错误并非出于个人，而是由于地方立法未能及时纠正与上位法相冲突的内容；四是河南省人大的反应被一些学者认为违反《中华人民共和国宪法》中关于法院独立行使审判权的规定，即人大不应干涉法院的具体裁决。

对此，苏力教授提出一个深刻的见解，他认为悲剧的发生往往不仅仅是因为个体的道德缺陷或阶级对立，而是由不可抗的环境因素造成的。李慧娟事件反映出中国法学教育中存在的一个问题——理论与实践之间的脱节。法学界的支持者们虽然强调司法独立的重要性，但他们忽略了中国现行的法律制度框架下，法院并无权宣布地方性法规无效的事实。根据《中华人民共和国立法法》，只有制定机关有权修改或废除与上位法相抵触的地方性法规，而中国法院不具备违宪审查的权力。

支持李慧娟判决的声音认为，她是在维护法律的一致性和权威性，但这忽视了中国特有的民主集中制下的权力结构，其中法院是由人大产生并对人大负责的。因此,当人大监督法院的工作时,并不构成对司法独立的侵犯,因为人大是唯一的权力来源。在这种背景下,李慧娟的判决既不符合现行法律规定,也缺乏坚实的法理基础。

法学界的喝彩背后,暴露出法学教育中的一个严重问题:法学教育内容与实际法律实践的脱节。当前的法学教育倾向于理论灌输,学生被培养成按照预定模板思考的专业人才,缺乏适应现实法律环境的能力。这种教育模式可能带来优秀的考试成绩,但却未能为学生提供足够的工具去理解和应对复杂的法律实务挑战。

为了防止像李慧娟这样的事件再次发生,中国的法学教育需要从以"教授"为中心转向以"学习"为中心,更加注重学生自主学习能力和批判性思维的培养。这意味着要改革教学方法,使学生能够更好地理解并适应法律实践的要求。此外,还需要加强法学教育与法律实务界的交流,确保理论知识与实践操作的紧密结合,从而为中国法治建设培养出更多合格的人才。

总之,李慧娟事件提醒我们,中国的法学教育应当更加关注实际应用能力的培养,同时也要让学生对中国特定的政治和法律背景有深刻认识,以便在未来的职业生涯中做出更明智的选择。

(三)以学生为中心的法学教育改革

法学教育的新模式以学生为主体,其核心在于强调学习者的主动性和满足其个性化需求。

在现代法学教育中,核心教学目标不应仅局限于满足教育者的期望,而应更加关注满足学生的需求和追求。我们希望看到的不是学生被塑造为失去个性的标准化产品,而是学生在汲取知识和技能的同时,得到鼓励与支持,成为具备积极应对生活挑战的能力、具有强烈社会责任感以及创新精神的个体。

这一变革的驱动因素在于,现代社会对客观性、规律性以及人类认知能力的信心已逐渐减弱。当教育者自身都无法确切知晓何为"正确"的知识和能力时,强行将观点和标准强加于学生,既显得武断,又忽视了学生的主体性。尤其在当前法律教育环境中,大学无法确保每位毕业生都能顺利进入法律行业。若继续采用以培养专业法律人才为目标的教育模式,对于那些未来可能不从事传统法律工作的人来说,可能存在适应性不足的问题,需要更加注重教育模式的包容性和多样性。

因此,针对学生毕业后多元化的职业选择,教育者应更加关注学生的个人意愿和兴趣,尽力帮助他们为实现自身理想做好准备。这意味着,学生的未来规划应得到充分关注和支持,让他们在完成学业后能成为期望中的自己,而非学校预设的某种状态。这种理念的转变,实则对现有教育模式提出重大挑战,要求我们

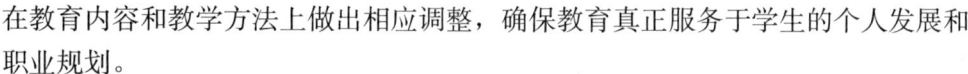

在教育内容和教学方法上做出相应调整，确保教育真正服务于学生的个人发展和职业规划。

教学内容的革新已成大势所趋。传统的以"教授"为主的法学教育模式，类似于幼儿园的统一餐点，教育者提供的是预先设定、标准化且单一的服务，学生作为接受者几乎没有自主选择的空间。尽管这种方式在一定程度上可以保证教学效率，简化学习过程，体现了对学生的关怀，并未完全忽视科学精神的应用，但随着时代发展，其局限性日益显现。因此，法学教育的改革刻不容缓。

近年来，许多高校开始探索转型，从固定课程表向学分制过渡，赋予学生更多的自主选择权。这一改变如同将食堂的固定套餐转为自助餐，甚至进一步发展为按需点餐的服务形式。在这方面的改革中，开设法学专业的院校已取得显著成果，学分制已普遍应用于教学管理。然而，即便有了这样的制度保障，现有的课程内容仍显单一，师资力量的分配也主要围绕培养"法律专业人士"这一目标，未能充分满足学生多样化的发展需求。

为适应社会的发展需要，法学教育应进一步深化改革，不仅要拓宽课程选择范围，还应注重跨学科知识的融合，鼓励教师团队的多元化发展，为学生提供丰富且有针对性的学习资源。同时，学校还应加强对学生个人兴趣和发展方向的引导，帮助他们更清晰地认识自我，明确职业规划，实现个性化成长。通过这些措施，有望提升法学教育的质量，培养出兼具深厚专业素养和灵活应对复杂社会问题的复合型人才。

教学方法的改革已成为我国法学教育面临的重要任务之一。李慧娟事件所暴露的知识偏差问题，看似与教学内容紧密相关，实则更多地反映了教学方法的问题。过于僵化的教学方式不仅阻碍学生的知识创新，也使他们难以适应社会。这种困境源于法学院教授们的观念与第一代法律从业者在实际操作中所秉持的理念之间的差异。尤其是西方的法治主义话语体系与我国特有的政治文明解释体系之间的内在矛盾，使得初入职场的年轻法律工作者难以适应，无法准确把握不同理论背景下的实际应用情境，这无疑给他们带来了心理负担和职业挑战。

面对此种情况，法学院不能坐视不管，而应承担起对学生未来及国家长远利益的责任，积极寻求教学方法上的突破。传统教育将教师视为学生获取知识的唯一来源，学生则被视为被动接收知识的容器，这种单向度的信息传递方式严重限制了学生的主动思考能力和批判性思维的发展。在这种环境下，学生容易过分依赖课本和教师的指导，对所谓的"真理"未经深思熟虑就抱有信任，从而可能导致类似"李慧娟"事件的发生。

庆幸的是，当前许多法学院已开始重视实践能力的培养，诊所式教学等新型实践教育模式正在逐步推广。这是一条正确的道路，值得持续探索。同时，教学评估体系也亟待改革，应将毕业生的适应能力、创新能力以及就业市场的竞争力作为衡量教学质量的核心指标。过去，在计划经济体制下，高等教育的效果主要依据是否实现上级下达的计划来评判，如今，在市场经济的大背景下，主要标准应回归市场导向，通过竞争的实际结果来检验。因此，法学教育的目标不应仅由教育机构单方面决定，而应充分考虑社会的实际需求，尤其是学生的个人愿望和发展方向，相信他们的智慧和潜力。即使在这个过程中可能会遭遇失败，学校也应通过建设性的建议和平等对话的方式展现其关怀和支持。

总之，法学教育的转型势在必行，从教育者主导的教育模式转向以学生为中心的教育模式虽充满挑战，但这是一条必须走通的道路。不仅是学生，法学院自身也需通过这样的转变来实现自我革新与发展。

二、法学创新人才培养模式探索

（一）创新教育的培养目标

法学教育的培养目标受到国家政治、经济制度及社会发展需求的重大影响。在我国致力于建设社会主义法治国家的背景下，法学教育承载着双重任务：一方面，为法律职业领域提供高素质的专业人才；另一方面，面向全社会，培养适用于各个层面的法律人才。然而，现有的四年制本科教育和三年制硕士研究生教育在满足社会对法律人才的多样化需求方面存在不足。因此，各大高校正在尝试在现有教育框架内调整策略，调整的主要方向为职业教育与素质教育的结合。

关于法学教育的培养目标，学术界存在不同观点。一部分学者认为，本科阶段的法学教育应注重职业教育，培养具备广泛通识素质和扎实职业素质的复合型人才，强调精英型职业教育的定位。另一部分学者主张，法学本科教育的核心在于学术教育，即深入研究法学理论。还有学者提出，法学本科教育应以素质教育为目标，强调通识教育的重要性。实际上，通识教育、素质教育和学术教育虽然在概念上有所区别，但都是相对于职业教育而言，强调全面发展的重要性。

法学教育的目标可以从宏观和微观两个层面来考虑。在宏观层面上，法学教育的核心目标是培养应用型法律人才。这包括但不仅限于本科教育，而是涵盖法律学科教育、法律职业教育、法律职业技能培训以及终身法律继续教育在内的综合性教育体系。将法学教育狭义地理解为学历教育，容易导致培养目标模糊。由于法律工作的实践性、专业性和法律职业的特殊要求，法律从业者需要具备专业技能、职业道德和实践能力。这意味着，除了严谨的学术训练，学生还需要系统的职业训练和丰富的实践经验积累。

在具体的法学教育实践中，我国当前最为关注的是法律学科教育，这一教育领域根据不同的教育层次可以细分为几个部分：一是法学本科及以下学历教育的目标应定位为通识教育,而非专注于培养少数精英人才;二是法学硕士及以上学历教育则更侧重于培养精英型的职业法律人才或学术研究人才。

从入学情况看,法学专业的新生与其他专业的学生没有本质区别,大多数都是刚刚完成高中教育的青年学子,他们进入大学后的学习过程与其他专业的学生相似,需要按照既定的课程安排逐步完成学业。法学专业的特点决定其学科体系复杂、专业性和理论性都很强,四年的本科学习只能让学生掌握基本的法律概念和原则,远不足以使他们成为法律领域的专家。尽管当前的法学教育模式已经加大了实践教学的比重,但与实际法律工作中所需的实践能力相比,仍有一定的差距。丰富的实践经验需要长期积累,不可能通过短期的学校教育一蹴而就。

因此,基于法学专业的特性和现有教育模式的现状,法学本科及以下学历教育的目标应当是提供广泛的通识教育或素质教育,重点在于培养学生的法律意识、基本法律知识和初步的法律思维能力。而要培养出高水平的法律人才,单靠某一阶段的学历教育显然是不够的,需要学历教育、职业教育、职业技能培训和终身学习相结合,共同作用才能实现。

学生在完成本科阶段的学习后,面临着两个主要的发展方向:一是以学术研究为主,培养能够在法学领域进行深度研究的人才;二是以实务为主,培养能够胜任法律职业实际工作的专业人才。在现实工作中,大多数法律工作者的职业路径确实呈现出这两种方向。

法学教育的目标设定应当考虑到社会对法律人才的多元化需求,不仅要注重理论知识的传授,更要强调实践能力的培养,同时还应激发学生的创新意识和创新能力。通过构建多层次、多类型的教育体系,法学教育可以更好地服务于国家法治建设和社会经济发展,培养出既具备深厚法学理论基础,又拥有丰富实践经验,还能适应社会变革的高素质法律人才。

法学创新教育的核心目标是培养具有创新能力的法学人才,这是在继承传统法学教育目标的基础上,进一步强调对创新精神和能力的培养。正所谓,创新是一个民族进步的灵魂,是国家繁荣发展的不竭动力。在当前社会,高素质的创新型人才对社会经济发展具有举足轻重的作用。因此,培养兼具深厚法学理论基础和创新能力的优秀法律人才,已成为我国法学教育的重要使命。

然而,法学创新教育的目标并非要与法学教育的总体目标相脱离。实际上,无论法学教育更偏向于职业教育还是素质教育,创新意识和创新能力的培养都是不可或缺的一部分。换言之,法学创新教育的目标可视为法学教育总目标下的一个特定方向,二者相辅相成。

具体而言,法学教育的总体目标是通过理论教学和实践训练,培养学生的法律思维、法律知识和法律应用能力,使他们能符合法律职业的要求。在此基础上,法学创新教育进一步强调创新思维的培养,鼓励学生勇于探索未知领域,挑战传统观念,不断提出解决问题的新思路和新方法。这种创新能力既关乎个人职业发展,也是社会进步和法治建设的必要条件。

以职业教育为例,法学教育不仅要教授学生如何运用法律知识解决实际问题,还要培养他们的创新意识,使他们能在复杂多变的法律环境中灵活应对新出现的法律挑战。而在素质教育导向下,法学教育更注重培养学生的批判性思维、独立思考能力和人文素养,这些能力同样是创新活动的基础。

总之,法学创新教育目标与法学教育的总体目标密切相关,前者是后者的有机组成部分。通过强化创新意识和创新能力的培养,法学教育旨在为社会输送更多高质量的法律人才,以适应不断变化的社会需求,推动法治社会的健康发展。

(二)当代法学本科教育人才培养模式探讨

我国法学教育正逐步从精英教育转变为大众教育。以西南民族大学法学院的法学专业指导性培养方案为例,该方案实施学分制,课程体系涵盖通识平台、文理基础平台和专业平台三个部分,以及多个模块课程。这一体系旨在培养"基础扎实、视野开阔、素质优良、能力强、追求创新"的法律人才,并促进文科与理科的交叉融合。

法学专业素质主要通过课堂教学培养,实践能力的提升依赖课堂教学、专业课程实习和社会实践活动。思想品德等综合素质的培养则需通过课堂教学、课外活动和社会实践等多种途径共同完成。

尽管经过一系列改革,人才培养模式发生显著变化,如增强学生实践能力、提供更多科研项目参与机会等,但这些改革措施是否能真正实现培养德智体全面发展、具有创新精神和实践能力、系统掌握法学知识的法律人才的目标,还需进一步检验。

第一,从实施学分制的院校情况来看,虽然人才培养模式已有明显改进,但培养目标的实现程度仍存在不足,特别是在实践能力的培养方面。在许多院校的培养计划中,专业实践课程所占的比例偏低,导致学生缺少将理论知识应用于实际情境的机会。实践教学通常包括军训、社会实践、专业实习和毕业论文等环节,尽管有些学校引入学年论文和读书报告等形式,但实际效果并不理想。

学校的专业课程实习通常采用两种方式:一是组织学生旁听法院审理案件或在课堂教学中参与模拟法庭活动;二是安排第四学年的专业实习。然而,现实中很多学生并未真正参与实习,即使参与,也往往从事与专业无关的事务性工作,未能达到预期的学习效果。此外,毕业论文的质量也令人担忧,这不仅暴露出学生写作态度的问题,也反映了指导教师的工作方法和学校整体观念、体制上的不足。

第二，忽视了对学生进行职业道德的教育。法律职业道德并非等同于一般的思想品德教育。在西方国家，法律职业道德实际上有一套严格且具体的职业规范。法律从业者不仅需要具备诚实、宽容、谦和、真诚、关怀和正直等基本品质，更关键的是信仰法治，坚信法律至上，并从内心深处尊重以正义为核心价值的法律精神和职业操守。因此，法学教育应更注重培养学生的法律职业道德，而非仅仅进行思想品德教育。同时，对学生学习方法、创新能力及思维方式的培养也相对不足。虽然知识传授是教育的重要组成部分，但有效的学习方法和批判性思维更为重要，它们是个人成功的关键。创新能力和思维模式决定一个人在快速变化的社会环境中能否脱颖而出。因此，法学教育不仅要注重知识的传授，还应关注学生获取知识的方法和思考问题的方式。

总之，我国法学教学模式正处于不断探索与完善的阶段。为提升学生的实践能力和专业素质，各高校已采取一系列改革措施，旨在增强学生的创新意识和能力，以适应现代社会的发展需求。随着社会对法律人才要求的提高，未来的法学教育必须更加重视实践教学、职业伦理教育以及学习能力和创新能力的培养，为学生提供一个更全面的成长平台。

（三）构建法学创新人才培养新模式

法学创新人才，是指具备扎实的法学专业知识、多元化的知识结构、全面的实践能力、高尚的道德情操，以及有强烈开拓创新精神的高素质法律人才。这样的人才能满足我国法治建设需求。然而，其核心竞争力在于开拓和创新精神。为培养法学创新人才，有必要改革现行教育模式，措施如下。

第一，为了构建与法学本科学历教育培养目标相匹配的课程体系，我们应从素质教育的视角出发，既要加强法学专业知识的教授，也要重视学生人文、社科及自然科学知识的传授。这样，不仅能为社会培养出复合型人才，还能为未来法律职业的发展打下坚实的基础。

一是在课程设计上，应确保法学专业课程的安排逻辑清晰、结构合理，遵循学科发展的内在规律。例如，将诉讼法理论课程（如行政诉讼、民事诉讼和刑事诉讼）分阶段设置在不同的学期，以减轻学生同期学习相似内容的压力，确保教学效果。这样的安排有助于学生逐步形成系统的法律思维，并提升他们对复杂案件的处理能力。同时，学校应提供丰富的跨学科选修课程，涵盖人文、社科乃至自然科学领域，鼓励学生拓宽知识视野，促进学科间的交叉融合，培养具备全面素养的复合型人才。许多院校在这一领域已进行了有益的探索。二是法律伦理和职业道德教育不容忽视。这些课程有助于学生树立正确的法律价值观和社会责任感，是培养高素质法律人才的关键环节。因此，课程设置中应明确包含这些内容，并通过案例分析、专题讲座等形式深化学生的理解。三是增加实践课程在整体教学计划中的比重，这至关重要。目前，多数法学院设置的实践环节缺乏系统规划和充分的时间保障，难以满足全面培养的需求。学校应当制定详细的实践课程大纲，确保每个学生都有足够的实践机会，如建立固定的实习基地、定期开展社会调研项目等，让学生在真实的法律环境中锻炼能力。

第二，为了提升法学教育质量，建议适度引入"法律诊所"教育模式。传统教学方法虽以系统性和完整性见长，能高效传授知识，但过于侧重教师讲授，忽略学生的主动参与和对学生创新能力的培养。案例教学法虽在知识系统传授上稍显不足，却更能激发学生的思维活力和培养其实际解决问题的能力。将这两种方法结合，能够相互补充，显著提高教学效果。近年来，法律诊所教育作为一种创新教学模式，在法学教育领域崭露头角。它在培养学生的实践技能、创新能力以及职业道德等方面表现卓越。多所高校的实际应用证明该模式成效显著。尽管该模式对教师的专业能力和高校的运营成本提出更高要求，但从长远来看，其对教学质量和学生综合能力的提升价值不容小觑，值得进一步推广。法律诊所教育通过模拟真实法律咨询和服务场景，让学生参与案件处理，积累第一手实践经验。这不仅能提高学生的实务操作能力，还会加深他们对法律的社会功能和职业伦理的理解。此外，这一模式为学生提供了一个应用理论知识的平台，有助于他们在真实环境中锻炼判断力和决策能力。总之，引入法律诊所教育模式，是对传统教学的有益补充，也是适应现代社会需求、培养高素质法律人才的必要途径。高校融合多种教学法的优势，可以在保持知识传授效率的同时，有效促进学生的全面发展，使他们成为既具备扎实理论基础又拥有丰富实践经验的新时代法律专业人才。

第三，我们深知，学生不仅需要扎实的专业知识、人文社会科学知识及自然科学素养，还需具备卓越的能力素质。这些素质包括但不限于分析解决实际问题的能力、组织协调社会活动的技巧以及优秀的语言表达能力。只有当学生的综合素质得到全面提升，他们的创造力和职业技能才能得到充分发挥。学校应高度重视课外实践活动在法学教育中的作用，将其视为课堂教学的有力补充。通过参与模拟法庭、法律援助项目、学术研讨会和社会调研等多样化的课外活动，学生不仅可以将理论知识与实践相结合，还能在真实社会环境中磨炼自身能力。同时，这些活动也为学生提供了展示个人才华的平台，促进其团队合作精神和领导力的培养。

第四，在现行的高等教育体系中，学生能力的评估方法显得过于单一，主要依赖考试成绩，这无疑忽视了对学生综合能力的全面考量。我们注意到，一些学生在日常学习中表现出色，思维活跃，具备良好的问题分析能力，但在闭卷考试中成绩却不理想。这表明，仅仅依赖考试成绩并不能全面准确地反映学生的实际能力和学习成效。为解决这一问题，可以采取一些积极的改革措施。例如，笔者所在的学校实施综合评分制度，期末考试成绩（无论是闭卷还是开卷）占学生该课程总成绩的70%，日常表现则占30%。这种方法较之单一的期末考试评分有所改进，因为它开始关注学生的日常学习状态。然而，日常表现的评分往往缺乏客观标准，通常只是基于教师的个人印象，尤其是在大班授课的情况下，这种评价方式难以准确反映每个学生的个性和才能，因此其公正性和可靠性有待商榷。为了更公正、全面地评价学生，我们需要构建一个多维度的评价体系。这个体系不仅要评估学生的专业知识掌握程度，还应包括职业道德、人文和自然科学素养、实践操作技能，尤其是创新能力。这种全方位的评估方式，将有助于更准确地衡量学生的真实水平和潜力。从宏观的角度来看，培养法学创新人才是一项复杂的系统工程，这要求我们在多个层面进行协调和优化。一是教育理念需要更新，要将创新教育置于核心位置，明确法学教育的目标，并确保所有教学活动和社会实践都围绕这一目标展开。二是教学管理、师资培训、教职工待遇以及校园环境等方面，都需要与新的教育理念相适应，形成有利于创新人才培养的有效机制。三是旨在构建一个既重视理论学习，又强调实践操作；既注重个人发展，又强调社会责任感的法学教育新模式，以适应现代社会对法律专业人才的需求。

综上所述，改革现有的学生评价方法是提高法学教育质量的关键步骤之一。通过引入更多元化的评估指标，结合课堂教学和课外实践活动，我们能够更全面地了解和发展学生的各种能力，为社会培养出更多具备综合素质的优秀法律人才。

三、法学专业人才素质构成分析

高等法学教育除了需要承担起优化和提高学生一般性素质的责任外，还必须针对法学专业的特殊培养目标，重点培养法律专业人才所需的独特品质和能力。这意味着在法学教育中推行素质教育时，研究现代社会对法学专业人才的具体要求是至关重要的。

在此背景下，"素质"一词并非指个人先天具备的心理或生理特质。这些特质虽然影响人的发展，但本身并不是教育可以直接改变的对象。素质教育中的"素质"主要指的是两个方面：一方面是指国民的整体素养，即在民族传统、语言文化、社会制度等因素共同作用下形成的个体基本品质；另一方面则是指区别于单纯知识积累的人的内在品质、素养及能力。这两种含义都强调可以通过后天教育塑造个人的品质和能力。

具体到高等法学教育中，我们需要关注的是现代社会主义国家高级法学专业人才应具备的独特品质和能力。因此，我们认为，高等法学教育应该尤其重视以下几个方面的培养。

（一）树立法律信仰

法律信仰是一个涵盖法学、心理学、社会学和伦理学等多学科的复杂理念，其内涵丰富而深远。它反映人们对法律深切的尊重、信赖与崇仰，具体体现在对法律权威的认同和遵循法律规范的行为习惯上。法律信仰的核心是"以法为尊"的法律权威意识，这一意识根植于对法律本质及其功能的理性认知。它表现为对法律制度的高度尊重和坚定不移的信任，并体现为人们愿意自觉遵守法律。这一概念可以进一步分解为以下几个层面。

（1）在构建法治社会的进程中，我们始终强调法律的权威性和普遍适用性。法律应被视为至高无上的权威象征，无论是个人还是集体，一切活动均须严格依法进行，绝不允许任何形式的法外特权存在。

（2）我们还需确立法律不可侵犯的信念，坚信法律的神圣地位不可动摇。任何违法行径，不论行为主体是个人还是组织，都将毫无例外地受到法律的严惩，确保"违法必究"的原则得到坚决执行。

（3）法律不仅无可替代，而且至关重要。它既是维护社会公平正义的基石，也是解决社会争议、保障公民权利的最后屏障。因此，我们应深刻认识到法律的重要作用，正视其在维护社会稳定和谐中不可或缺的地位。

法律信仰远不止于对法律条文的机械遵守，它更是一种源自内心的价值观和行为准则。这种信仰融合了个人对法律的深刻认同、尊重以及对法律在日常生活中的自觉遵循。它既是主观信念与客观行为的完美结合，又以对法律权威的认可为动力，外显为自觉守法的实践。法律信仰的重要性在于，它既是国家治理和秩序的基石，也是全体社会成员共同参与和维护的事业。法治不只是抽象概念或政府的职责，更是每位公民都应积极参与的社会实践。以下几方面体现了良好的法律信仰：①自觉守法：个人行为严格遵循法律框架，确保行为合法，实现自我约束和社会和谐。②积极用法：运用法律赋予的权利保护自身权益，推动社会公正，通过合法途径解决问题。③主动护法：面对非法行为，勇于维护正义，保障国家、集体和个人的合法权益。

法律信仰是法治的灵魂，构成了现代法治社会的核心。正如伯尔曼所说："没有被信仰的法律不过是空洞的形式。"法律不仅需要理性和意志的支持，更需要情感、直觉和信仰的力量来赋予其生命。真正的遵守法律超越简单的规则遵守，它是对法律神圣性的深刻敬意，让人感受到归属感和依恋感，而不仅仅是敬畏。这种普遍的法律情感为法律提供了正当性和合理性，赢得了社会的广泛支持。对于一个国家或民族而言，法律信仰的建立始于法律专业人士的态度。作为法律的守护者，法官、律师等法律工作者对法律的信仰直接影响公众的法律观念。如果法律工作者能够以身作则，将法律视为至高无上的准则，这将有助于在整个社会树立对法律的信任和支持。相反，若法律工作者缺乏对法律的真诚信仰，仅将其视为牟利工具，将削弱法律在民众心中的地位，影响整个社会的法治进程。

因此，培养法律工作者的法律信仰至关重要。他们不仅决定着法律在社会中的命运，还塑造着公众对法律的认知。当法律工作者展现出对法律的尊重和忠诚时，他们实际上是在为整个社会树立榜样，助力全社会构建一个以信任和正义为基础的法治环境。

（二）构建法律职业伦理

职业道德是在长期职业实践中逐渐形成的一套适用于特定职业的道德规范。对于法律职业而言，法律职业道德或法律职业伦理是随着法律工作的专业化而逐步建立起来的，它涵盖了从事法律工作的人员在其职业生涯中应当秉持的道德信念和遵循的行为准则。这套规范不仅包含广泛的社会公德元素，还特别强调基于法律工作特性和规律的独特道德要求。

从不同职业角色的角度来看，法律职业道德可以分为两大类：一是国家工作人员的职业道德。这类人员代表国家行使立法、执法和司法权力，尤其是法官的职业道德尤为重要。他们需在工作中体现公正、廉洁、正直无私等普遍适用的道德品质，同时还要遵守与法官职业特性紧密相关的特殊道德规范，如保持超然中立、不以个人价值标准评判案件等。二是律师的职业道德。律师作为独立提供专业法律服务的个体，其职业道德同样由一般社会公德和源自职业特征的特殊道德组成。《律师职业道德和执业纪律规范》中规定了多项基本的职业道德条文，例如忠于宪法和法律、坚持原则、廉洁自律、尊重同行、公平竞争等。然而，针对律师职业独特性的深入探讨，特别是关于律师职业道德与普通社会伦理可能存在冲突的部分，如律师为有罪的被告人辩护而不感到良心不安，以及对委托人的隐私保密义务等，该规范尚显不足。

美国法理学家朗·L.富勒曾指出，在刑事案件中，如果每个律师都因为被告看起来有罪而拒绝代理，那么被告实际上在未接受正式审判前就被定罪，这剥夺了他们应得的受法律保护的权利。他还强调，律师不应因认为委托人有罪而自行担任法官的角色，即不能越俎代庖地决定谁有罪。类似的，波斯纳将法官的职业比作医生，并指出两者之间的重要区别：医生的职业道德直接符合普遍的社会伦理，而法官在裁决时可能会面临损害一方利益以维护另一方利益的情况，这反映了法官职业道德的特殊性。此外，法官处理案件时必须收取诉讼费，并且在审理过程中必须严格依据事实和法律进行判断，而非掺杂个人情感或偏见。为了应对这些特殊的法律职业道德挑战，法学教育需要更加重视对这些复杂问题的研究和讨论，使法律工作者能够在面对道德两难时作出正确的抉择。通过深化对这些问题的理解，法学教育可以更好地为培养未来的法律专业人士做准备，使他们在职业生涯中不仅能坚守一般职业道德，还能妥善处理那些可能与社会常规伦理相冲突的情境。

（三）形成法律思考模式

法律思维是一种高度理性化的认知模式，它反映了法律工作者和法学家在国家法治生活中基于共同的知识背景、职业传统及行为习惯所形成的稳定思维倾向。这种思维方式不仅涵盖思维主体的价值观、自觉性以及对对象的敏感度，还根植于他们在实践中的需求与反馈机制，形成了特定的思维范式。

法律思维的特点可以总结为以下几个方面。

（1）教义学性质：法律思维具有强烈的规范性和原则导向，强调对现有法律条文和先例的尊重与遵循。

（2）历史视角：法学家倾向于从过去的经验中寻求指导，重视传统和既定规则，这赋予他们的思考一种"向后看"的特性。

（3）逻辑严谨：法律思维注重逻辑推理，尤其是在运用三段论等经典逻辑结构时，力求结论的严密性和准确性。

（4）程序优先：法律程序的重要性被置于首位，法律工作者和法学家通过严格的程序来确保公平正义，即使是在追求事实真相的过程中也是如此。

（5）辩论决断：在解决争议的过程中，法律思维要求明确的立场和决策，避免模棱两可，追求彻底解决问题的方案。

（6）统一性与类型化：法律推理需要保持一致性，并且能够将复杂的问题归类处理，以确保法律适用的普遍性和稳定性。

不同学者对于法律思维有着各自的理解。例如，日本学者认为法律思维具备教义学性质、过去导向性、个别性、辩论的果断性以及推论原理的一般性；季卫东教授强调法律思维中依法办事的精神、兼听则明的态度以及缜密的逻辑推理；孙笑侠教授指出，法律工作者和法学家使用专业术语进行思考、重视程序、谨慎对待情感因素，并且在判断上追求非此即彼的明确性；李龙教授则区分了法律工作者与法学家的不同思维范式，前者表现出独立、保守和崇法的特点，后者则体现出批判性、前瞻性和人权意识。

无论法官、律师还是法学家，都有其独特的思维方式，这源自法律工作的特点。高等法学教育的重要任务之一就是培养和发展学生的这种特殊思维方式，因为法律不仅是国家权力的体现，更是法律工作者创造性劳动的结果。法律的制定虽由国家代表完成，但法律的实施则依赖于法律工作者的专业技能和创造力。在这个过程中，法律工作者的政治信仰、伦理观念和个人思维模式不可避免地会影响法律的实际运作，使得法律带有他们个人特性的印记。特别是在判例法体系中，法官和律师的工作成果甚至可能成为新的法律条文的来源。因此，关注法律工作者和法学家的思维方式及其背后的政治信仰和道德品质，对于理解法律的形成和执行至关重要。

在国家法治建设的历史进程中，法律工作者的作用长期未能获得其应有的重视。一种常见的观念倾向于将法律与法律工作者割裂开来，过分关注法律条文本身，而忽视法律工作者的重要影响力。这种观念产生的部分原因是社会对"人治"的担忧，即过分强调个人作用可能会削弱法治精神，导致依赖个别领导者的个人意志。然而，真正的法治并非排斥人的因素，而是需要依靠一个广泛且专业的法律人才群体，而非仅仅依赖少数政治领袖。

历史上，无论是古代罗马法的辉煌成就，还是近现代法治体系的不断完善，都是法律工作者积极参与创造性工作的结果。因此，加强法律职业队伍建设，培养高素质的法律人才，是推动国家法治建设的关键环节。法学专业人才不仅需要坚定的法律信仰、高尚的职业道德，还需具备科学的法律思维模式等基本素质。这些素质不仅是法律教育的核心，也是确保法律工作者能够有效维护和推进法治社会建设的基础。高等法学教育应当更加重视这些关键素质的培养，以满足法治社会对法律人才的需求。

总之，重新审视并加强培养法律专业人才的基本素质，对于提高法律职业队伍的整体水平，促进法治社会的健康发展具有深远意义。通过优化法学教育的内容和方法，我们能够更好地满足新时代对高质量法律人才的需求，为国家法治建设做出重要贡献。

四、在学分制背景下法学教育的创新与改革

（一）定位学分制背景下高等院校法学教育的目标

在学分制框架下，明确高等教育法学教育的培养目标至关重要。总的来说，法学教育的目标可归纳为两点：一是为法律行业注入新鲜血液，培育未来的法律人才；二是提高社会成员的法律素养和法律意识。根据各高校的教学理念、资源条件和师资力量，这两大目标的侧重点各不相同。

有些高校将法学教育视为公民素质教育的重要环节，强调法律知识在培养全面发展的公民中的重要作用。还有一些高校则更注重将法学教育作为通向法律职业的途径，突出专业技能和法律实践能力的培养。虽然法学专业学生接受系统的法律教育，但毕业后直接成为法官、检察官、律师等比例并不高。据统计，每年全国法学毕业生众多，但真正进入法律行业的仅占一小部分，更多人选择与法律非直接相关的领域就业。

这一现象揭示了当前法学教育与学生未来职业选择之间的关系。学生在规划职业道路时可能会感到迷茫，教师则在平衡法学理论与实践教学内容时面临挑战。如何更好地连接高等教育与职业生涯，成为一个亟待解决的问题。因此，有必要重新审视和调整高等院校法学教育的目标，使之更符合社会需求和个人发展的双重需求。

一方面，教育者应更加注重培养学生的综合素质和适应能力，包括但不限于法律专业知识、批判性思维、问题解决能力、沟通技巧等多方面的技能。另一方面，学校可加强与法律实务界的合作，通过实习、案例分析等方式，让学生尽早接触真实的法律环境，增强实践经验和职业竞争力。同时，鼓励学生探索多元化的就业路径，认识到法律知识在各行各业中的广泛应用价值，帮助他们树立正确的就业观和职业规划意识。通过这些措施，既可提升法学教育质量，又能更好地服务于社会的发展需求。

我国高等院校的法学教育长期受到大陆法系传统的影响，以本科教育为核心。值得注意的是，法律职业的入门考试和职业培训主要由法律实务部门主导，高校与法律实务界在教育理念上是存在差异的。近些年，我国的法学教育呈现向美国模式转变的趋势，反映出法学作为实践性学科，其目标是解决社会矛盾和冲突。因此，法学教育既需要扎实的理论基础，也要求教育者和学习者具备社会生活经验，以避免沦为脱离实际的空洞理论。

在学分制框架下，法学教育无论偏重理论还是实践，并无优劣之分。但不同的培养目标会导致教育内容、专业深度、教学方法及教材编写风格的显著差异。尽管通过非实践或"书本"式的学习，对希望成为法律专业人士的学生来说是一种有效的知识深化途径，但大多数法学学生更需要与其未来发展密切相关的教学方式和内容。

我国法学学生通常在18岁左右开始接受专业教育，由于长期在校园生活，学生缺乏与社会的接触，对专业与社会关系、法律与社会生活的理解不足。这种情况下，法学教育容易变成机械记忆，学生被动接受知识，缺乏主动思考和探索的精神。由于法学学生普遍缺乏社会经验，难以领会法学精髓，也无法掌握法律职业所需的技能，这给我国法学教育带来挑战。

近年来，随着法律教育的发展和社会对法律实务人才需求的增加，传统"以本为本"的教育模式暴露出局限性，实务界也表现出不满。尤其是自2002年我国实施统一司法考试以来，高校法学教育与司法考试的联系愈发紧密。为应对变化，高校法学教育应更注重社会实践分析，结合对法学理论的梳理，培养学生的实际操作能力。只有这样，才能确保法学教育不仅传授必要的法律知识，还能帮助学生适应未来法律职业需求，为社会输送高质量法律人才。

(二)高等院校法学课程设置在学分制下的优化与调整

课程设计是一个全面构建课程体系和具体课程内容的复杂过程,它不仅包括整体课程架构的规划,也涉及单门课程的设计。在整体课程架构规划中,高校主要关注如何根据教育目标来确定课程设置及其组织方式,这需要理论基础的支持和多种模式的优化组合。具体课程设计则着重于确立每门课程的教学标准。本书将重点讨论整体课程体系的构建。大学教师的教学活动是高校实现人才培养目标的关键环节,而课程设置直接关系到教学策略和教学方法的选择,对教育质量有着深远影响。为培养既专业又博学、具备多方面能力的复合型人才,高校需解决现有问题,如专业划分过细、课程安排不合理、教学方法单一落后,以及考核方式缺乏多样性和创新性。以法学本科专业为例,当前核心课程覆盖16个主要领域,包括法理学、宪法、中国法制史、刑法、民法、商法、知识产权法、经济法、行政法及行政诉讼法、民事诉讼法、刑事诉讼法、资源与环境保护法、劳动法、国际法、国际私法和国际经济法。为提升学生的综合素质,我们需调整课程结构,使之更贴近实际需求,同时引入先进的教学手段和多元化的评估机制,确保学生获得全面发展。此外,加强实践教学环节,增设模拟法庭、法律咨询等活动,有助于理论知识与实务技能的有效结合,培养学生的应用能力和创新能力。通过这些措施,高校不仅能够更好地满足社会对高质量法律专业人才的需求,还能提高毕业生的就业竞争力和社会适应能力,为培养新时代的复合型人才奠定坚实基础。

当前法学专业的选修课程广泛覆盖从法哲学到票据法等多个法律分支,目的是培养具有全面法律知识素养的人才。随着我国法律体系的不断发展和完善,以及新法律法规的持续颁布,现有的课程内容显得过于宽泛,不仅信息量巨大,而且对学生有限的学习能力和时间构成挑战。鉴于此,对现行课程体系进行调整显得尤为必要,不仅要满足经济社会发展的新要求,还要适应学分制的实施。高校应优化课程设置,聚焦关键法律领域,剔除冗余内容,确保学生能够深入理解和掌握核心法律知识与技能。同时,课程设计应具有一定的灵活性,以满足学生的个人兴趣和未来职业发展的需求。这样的改革将更有效地帮助学生应对现实世界中的法律问题与挑战。

在法学本科教育中,高校可以设计一个渐进式的课程体系,以满足学生不同阶段的学习需求和职业规划。第一学年侧重于公共基础课程和通识教育,同时引入少量法学入门课程,为学生打下知识基础。第二学年则集中于法学核心课程的教学,使学生掌握法律学科的基本理论与技能。进入第三学年,根据学生的兴趣和未来的职业目标,提供民商法、刑法、经济法、行政法、诉讼法及国际法等专业方向的选择。每个方向都设有特定的课程模块,帮助学生深入理解所选领域的专业知识，并培养其法律分析能力和独立思考能力。对于有兴趣从事理论研究的学生，还可以选择法理学方向。为确保学习效果，建议每个专业方向组成稳定的学习小组，促进团队合作与交流。在第四学年，高校应将重点放在法律职业技能的培训上，通过模拟法庭、实习、案例研讨等活动，让学生体验实际工作环境，强化实践能力。此外，根据不同职业路径（如法官、检察官、律师等），定制化课程内容，确保学生能够顺利过渡到职业生涯。与此同时，为了提高教学质量，应该简化和整合现有课程，优化教学方法，增加互动式课堂和专题讲座的比例，鼓励学生参与课题研究，以此激发他们的创新思维和自主学习能力。这样的改革措施不仅有助于克服当前知识传授与能力培养失衡的问题，而且能更好地适应现代社会对复合型、应用型法律人才的需求。

（三）学分制下高校法学教育课程内容的整合与创新

为了培养法学学生的实务能力和职业素养，高等院校的法学教育应更加注重实用技能与社会需求的融合。学生不仅需要掌握搜集和分析证据、判断案件性质、组织庭审、出庭公诉、辩护代理、提供法律咨询以及正确适用法律等核心能力，还应学会文件检索和资料查询方法，并具备一定的科研能力。然而，传统法学教育往往偏重理论，忽视学生实际工作能力的培养，导致毕业生难以迅速适应职场要求，也未能充分培养其作为"法律人"的专业操守。这种教育模式在传授法律知识的同时，忽视了对学生严密思维能力和正直人格的培养。针对这一问题，现代法学教育必须进行革新，以适应市场经济的发展需求。课程设置应紧密围绕经济和社会生活，适当融入经济学和管理学的知识。在现代社会，法学、经济学和管理学虽然分属不同学科，但在服务经济发展和法治建设方面具有紧密联系，形成了一个互补互促的关系网。因此，让法学学生理解和掌握基本的经济学和管理知识至关重要。这些知识不仅有助于他们在面对复杂市场经济活动时做出明智决策，还能增强他们的就业竞争力。通过跨学科融合教育，高校能够培养出既懂法律又懂经济运行规律的复合型人才，使他们在未来的职业生涯中能够保持高水平的专业能力和道德标准。

在高等院校的法学教育中，融入经济学和管理学的元素不仅具有现实的必要性，也体现了法律、经济与管理之间的紧密联系。法律不仅是企业设立、变更、解散等行为的基础准则，更是对企业的日常运营，如营销、质量控制、人力资源和财务管理等领域进行基础性调控的关键工具。此外，法律对财产权、知识产权及经济纠纷处理的规定，在尊重意思自治原则的同时，确保企业活动的有序性和合法性。

经济学为微观经济管理提供了盈利分析的方法，法学则专注于构建公正有序的微观经济环境，并为立法提供坚实的理论支撑。管理学则侧重于研究如何在遵守法律的前提下，优化资源配置以实现企业效益的最大化。在宏观经济层面，国家通过财政法（包括税法、金融法）等法律手段实施宏观调控，经济学家的专业意见有助于政府制定并实施精准有效的经济政策。

因此，为了使法学教育更加符合社会实际需求，必须将经济学和管理学的知识融入其中。这并非简单的学科知识的叠加，而是在严谨的理论指导下，将不同学科的知识有机融合，构建一个综合性的知识体系。这样的教育模式不仅有助于学生深入理解法律在经济活动中的作用，还能培养他们的跨学科思维和解决实际问题的能力，进而为社会培养出既懂得法律又懂得经济运行规律的复合型人才。

（四）高等院校法学教育创新：基于学分制的教学方法探索

高等院校法学教育应紧密贴合社会对应用型法律人才的需求，这意味着教学方法需从传统的知识灌输转向注重法律技能的培养。当前，各高校法学院的课程设置虽有差异，但普遍以传授法律知识为核心，无论是侧重法条解析、案例分析还是理论探讨，最终目的都是让学生掌握法律知识。然而，要使学生在有限的学习时间内真正掌握法律分析与应用的技能，必须通过不断的实践练习来实现。为了有效培养学生的法律职业技能，高校应当提供一个系统化的练习平台，让学生在教师的实时指导下进行反复演练。这种方法不仅包括基于虚构案情的法律适用训练，还应涵盖法律归纳、评价等综合能力的培养。练习是技能习得的关键，但如果缺乏正确指导，学生可能会形成错误的理解和习惯，这将难以纠正。因此，及时且有效的教师指导不可或缺。同时，高校也应认识到教师讲课在传授基础知识方面的高效性。对于初学者来说，通过讲座快速获取大量信息是非常必要的。但在学生掌握基本技能后，继续依赖这种被动学习的方式效率较低。此时，应该更多地采用互动式练习，让学生在实践中巩固所学，并通过教师的即时反馈不断优化自己的技能。

在坚持把讲课作为部分课程核心教学手段的同时，高校还应致力于拓展课程体系，增设一系列旨在培养法律职业技巧的课程，例如案例分析和模拟法庭等实践性教学环节。这样既能巩固理论知识，又能锻炼学生的实际操作能力。

第一，案例教学。在法学教育中，案例教学法具有显著的优势。通过生动、具体的案例，不仅能够激发学生的学习兴趣，还能帮助他们更好地理解抽象的法律原则。然而，近年来我国高等院校法学教育中引入的所谓"案例教学"，实际上更偏向于"例证教学"，未能充分发挥案例教学应有的效果。在目前的教学实践中，教师通常会在讨论案例之前先讲解相关理论知识，使学生对该领域的法律概念有初步了解，然后再结合具体案例进行分析。这种方式虽然有助于加深学生对法律理论的理解，并教会他们如何应用这些理论，但实际上更多的是验证教师的观点和课程内容，而非培养学生的独立法律技能。真正的案例教学法应当更加注重学生自主学习能力和批判性思维能力的培养。教师应提供丰富的案例资源，鼓励学生独立分析案例，自行查找并选择适用的法律法规。这种方法不仅能提升学生解决实际问题的能力，还能促进他们养成独立思考的习惯，从而真正掌握法律条文的应用技巧。此外，教师的角色应从单纯的知识传授者转变为引导者和支持者，通过适时的指导和反馈，帮助学生逐步提高法律分析和实践能力。

第二，模拟法庭。近年来，众多高等院校的法学院纷纷设立模拟法庭，以此激发学生的学习热情，同时锻炼他们的组织能力和团队协作精神。模拟法庭作为一种培养法学学生职业技能的关键途径，对学生的要求既全面又复杂。它不仅检验学生对案例分析、法律条文的理解与适用能力，还要求他们能够综合运用文献研究等多种技能。然而，在实际操作过程中，一些法学院在开展模拟法庭教学时，常忽略必要的基础知识和技能的铺垫。对于尚未牢固掌握法律基础理论和基本技能的学生来说，直接参与模拟法庭可能会让他们在短时间内难以应对复杂的法律问题。这种做法不仅不利于知识的稳固掌握，还可能影响学生的学习热情和自信心。因此，模拟法庭的教学方法更适合在高年级学生中应用。在此之前，应确保学生已经充分掌握必要的法律知识和技能，包括案例分析、法律条文的理解与适用，以及文献检索等。学生只有具备一定的基础知识与能力后，才能在模拟法庭中将这些技能综合运用起来，进行实际操作训练，进而实现更好的学习效果。总之，为了充分发挥模拟法庭的教学价值，高等院校应当在学生掌握扎实的基础知识并具备初步专业技能之后，再引入这一教学工具。这样做不仅能提升学生的学习效率，还能有效促进他们综合应用能力的发展，为将来的职业生涯奠定坚实的基础。

第三，诊所教学。我国在借鉴美国诊所教学模式时，强调四个核心要素：提供真实服务、学生代理实际案件、学生对案件程序及结果负责，以及建立学生与教师间一对一的教学关系。这种方法既有助于提升法学学生的法律技能，又能培养他们的职业责任感。然而，我国高等院校在全面推广诊所教学法时，面临着不少挑战。一是师生比例失衡问题突出。高校学生众多而教师资源有限，实现一对一指导难度极大，这直接影响了教学效果和个性化辅导的质量。二是法律案件处理周期长且结果不确定，这对诊所教学提出了较高的时间要求。高校课时安排固定，学生难以灵活参与长期案件处理和出庭活动。三是物质条件的匮乏。诊所教学模式需要充足的经费来保障其运营，包括办公场地和设备采购等。但目前许多高校资金紧张，难以提供必要支持，这限制了诊所教学法的发展。四是师资力量的薄弱。诊所式教学要求教师具备深厚的法学理论功底和丰富的实践经验。我国一些法学院教师缺乏实际工作经验，司法考试通过率也不高，这对高质量教学构成了挑战。鉴于这些挑战，我国高校在引入诊所教学法时宜持谨慎态度，量力而行。建议先在有条件的院校或特定专业进行试点，积累经验后再逐步推广。同时，加强教师培训，提升其实践能力，并积极寻求外部资源支持，以确保诊所教学法的有效性和可持续发展。这既可发挥诊所教学法的优势，又能避免因条件不足而产生的潜在问题。

第三章　法学实践教学的形式与更新

近年来,我国法学教育在法治建设的推动下取得了显著进展。特别是在本科教育层面,得益于高等教育的扩招政策,法学专业的招生规模迅速扩大。截至 2006 年底,全国已有 603 所高等院校设立法学本科专业,在校法学专业本科生接近 30 万人。然而,这一数字的增长并不等同于法学教育的成功,法学教育背后还隐藏着诸多深层次问题。

一是在指导理念上,许多高校依然停留在传统的知识传授阶段,缺乏对现代法治社会需求的深刻认识,培养目标也显得模糊。二是课程设置存在陈旧和结构不合理的问题,课程内容与社会实际需求脱节,课程体系过于僵化,难以满足学生的多样化需求。三是教学模式单一,以教师讲授为主,缺乏互动性和实践性;教学内容更新缓慢,未能及时反映最新的法律实践和研究成果。四是硬件设施和师资力量也面临短缺的问题,影响了教学质量。

为应对这些挑战,法学教育改革势在必行。一是更新教育理念,明确培养目标,注重培养学生的法律思维、实践能力和综合素质。二是优化课程设置,引入跨学科课程,拓宽学生知识视野,并根据学生兴趣和职业规划设置多样化课程模块。三是改进教学方法,采用互动教学和实践教学,增强学生的实际操作能力。四是加强硬件建设和师资培养,确保教学设施满足学生需求,提高教师的实践能力和教学水平。五是强化质量监控,建立科学的评估机制和有效的反馈机制,及时发现问题并进行改进。

第一节　实践性教学与法学本科教育目标反思

一、反思法学本科教育目标:提升法学人才培养与法治社会建设的契合度

法学教育改革是一项系统工程,其核心在于确立与时代需求相契合的教育目标。在重新定义法学本科教育目标的基础上,改革的方向和措施必须具体而明

确。法学本科教育旨在培养既有深厚法律知识基础，又具备强大实际操作能力的法律专业人才。为实现这一目标，知识传授与能力培养应并重，甚至应更强调能力的培养。在教育过程中，应注重培养学生具备法官、检察官、律师那样的职业思维和问题解决能力，展现法律职业者的专业素养和实践技能。以下是对改革方向与措施的具体优化建议：一是优化课程结构。提升实践性课程的比例，如案例分析、模拟法庭、法律诊所等，以增强学生的实际操作能力。二是更新教学内容。紧密跟踪最新的法律法规变化和实际案例，确保教学内容的时效性和实用性。三是创新教学方法。运用多元化的教学手段，如讨论式教学、项目式学习、实习实训等，提高学生的参与度和实战经验。四是强化师资力量。提升教师队伍的实践经验和教学水平，鼓励教师参与法律实务，促进理论与实践的深度融合。总体而言，法学教育改革需以明确的教育目标为引领，全面推进课程设置、教学内容和教学方法的创新，从而培养出适应社会发展需求的应用型法律人才。

二、实践性法律教学方法分析与应用

实践性法律教学标志着法学教育理念的创新性转变，它不仅超越了传统的教学模式，更基于全新的法学教育哲学和人才培养目标，对教学内容与方式进行了根本性的改革。这种教学理念强调通过实际操作深化学生对法律的理解与运用，涵盖课程体系的创新、教学策略的更新，乃至整个法学本科教育制度的优化。

在这一新的教育框架中，法学本科教学大纲应重新设计，引入多种实践性导向的课程，如模拟法庭、法律援助工作站（亦称"法律诊所"）、证据分析实验、律师实务技巧等。这些课程为学生提供了将理论知识与实际案例相结合的机会，让他们在接近真实的环境中学习解读和运用法律条文，进而提升解决复杂法律问题的能力。同时，参与实际案件的处理让学生能更深刻地理解法律条文背后的社会背景和现实意义，培养他们在现实世界中运用法律工具解决问题的能力。此外，实践性法律教学还注重培养学生的职业素养和社会责任感，使他们不仅能掌握扎实的法律知识，还能够适应社会需求，成为既有法律专长又具备灵活应变能力的专业人才。总体而言，这一教学模式旨在全面提升学生的综合能力和职业竞争力，为培养未来优秀的法律工作者奠定了坚实的基础。

第一，模拟法庭课程在法学教育中的重要性不容忽视。它不仅为学生提供了体验法官、检察官和律师不同角色的机会，还促使他们以专业人员的视角进行思考和行动。通过模拟法庭，学生不仅仅是在处理法律问题，还需面对事实判断、程序安排以及实体法应用等多方面的挑战。这样的学习经历使学生成为积极的学习主体，促使他们在模拟过程中考虑角色背后的利害关系，全力以赴追求最佳结果，这种深层次的参与感是传统课堂教学难以企及的。

然而，在实际操作中，许多法学院并未充分认识到模拟法庭作为正式课程的价值，而是将其视为课外活动的一部分，每年仅举办一两次，且参与的学生数量有限。更糟糕的是，为了追求表面上的效果，有些模拟庭审在正式开始前已经进行了多次排练，导致活动流于形式，学生只是穿上制服进行表演，未能真正体会到模拟法庭对于能力和素质训练的重要性。

要充分发挥模拟法庭的教学潜力，应将其纳入正式课程体系中，并为其设计一个全面系统的训练过程。在这个过程中，学生将从零散的真实案例材料出发，经历分析案件事实、查找适用法律、构建辩护或代理策略、撰写法律文书直至出庭辩论等一系列环节。这不仅让学生熟悉案件发展的全过程，还赋予他们一定程度上控制案件进展和结局的能力。每位学生都将有机会轮流扮演法官、检察官和律师这三个关键角色，以获得全方位的角色体验。这种方式能有效促进学生法律实务能力的提升，为未来的职业生涯打下坚实的基础。

第二，诊所教学课程。该模式作为近年来引入中国的一种实践性法律教育模式，借鉴了美国法律教育体系的理念。这种模式仿照医学院学生的临床实习，依托法律援助机构、维权中心或律师事务所等平台，使学生直接参与真实案件的处理，与当事人面对面交流，从而在实践中深化对法律知识的应用。目前，国内已有50多所高校的法学院进行试点，该课程广受学生欢迎，成效显著。学生不仅实现了理论知识与实践的有机结合，而且在处理真实案例的过程中提升了法律技能和社会责任感。这一教学模式为学生提供了面对复杂现实问题的机会，锻炼了他们的问题分析能力、解决能力，以及沟通技巧和团队协作精神。鉴于诊所教学课程的良好反响及其在培养学生综合能力方面的重要作用，各法学院应根据自身实际情况进行推广。学校可以与各类法律服务机构建立合作关系，为学生提供更多实践机会；同时，结合自身教学资源和特色，设计出符合本校特色的诊所教学课程内容。这不仅丰富了法学教育的形式，更有助于促进学生全面发展，培养出既有深厚法律知识又有丰富实践经验的专业人才。

第三，证据在法律领域中占据核心地位。对于法官、检察官和律师而言，掌握刑事与民事证据的发现、提取及审查技巧是不可或缺的基本功。尽管传统法学课程中已有证据学、刑事侦查学、物证技术学和法医学等涉及证据调查和审查的内容，并且部分法学院还配套建立了实验室，但随着一些新兴法学学科的兴起，这些传统课程往往被压缩甚至取消。然而，对法学专业学生进行证据处理技能的培训仍然至关重要。为了更好地适应这一需求，高校应当改革现有的课程设置，开设一门综合性的证据课程，将刑事和民事证据的内容合并，强调其实用性和操作性。同时，法学院应设立专门的证据实验室，让学生通过实际操作来学习证据的发现、识别、提取、审查和鉴定。这种实践导向的教学方式不仅能增强学生的动手能力，还能加深他们对证据理论的理解。此外，高校应摒弃传统"满堂灌"的教学模式，转而采用互动和参与式的教学方法，如案例教学法和讨论式教学法。这些新兴的教学方法旨在全面提升学生的法律综合能力，使他们在分析和解决实际案件时能够灵活运用所学知识，而不是简单地死记硬背法律条文。案例教学法尤其值得推广，它不仅能够激发学生主动思考，提高学生的逻辑推理能力和解决问题的能力，还能够促进学生之间的交流与合作。通过深入分析和讨论具体案例，学生们可以学会如何应用法律原则去解析复杂的问题，从而培养扎实的法律思维、敏锐的分析能力和清晰的语言表达能力。这种方法有助于学生在未来的职业生涯中更有效地应对各种法律挑战，为社会提供高质量的法律服务。

第四，为了提升法学专业学生的法律实践能力，当前的毕业实习制度亟须深化改革与完善。尽管实习是法学专业的学生毕业前的必要环节，旨在锻炼其实际操作技能，但现实中这一目标并未完全实现。学生在司法机关实习期间，往往未能获得充足的办案经验，有时甚至会养成不良的工作习惯。问题根源在于多方面的忽视：一方面，部分高校和学生对实习的重要性认识不够；另一方面，紧凑的课程设置导致实习时间受限，学生通常需要自行寻找实习单位，缺乏系统的指导和监督。此外，实习过程中学生多扮演旁观者角色，负责辅助性工作，如整理卷宗等，而鲜少参与实际案件处理，这显然与参与毕业实习的初衷——培养实践能力相悖。

为解决这些问题，以下措施势在必行。

第一，加深对实习重要性的认识，确保其获得应有的重视。

第二，考虑调整学制，例如在本科阶段增加专门的实习学期，以增加学生的实际操作机会。

第三，建立集中式实习模式。高校应与司法部门合作，建立固定的实习基地，强化管理方的责任。

第四，定期派遣教师到实习基地进行监督和检查，确保实习质量。

第五，加强实践性教学，使法学教育从单纯的理论传授转向培养符合现代社会需求的应用型人才。

通过这些改革措施，将有效提升法学专业毕业实习的效果，使学生具备更强的实际操作能力和职业素养，为未来的职业生涯打下坚实基础。这一改进不仅是对传统法学教育模式的创新突破，更是适应未来社会发展需求的重要步骤。

与传统法律教学相比，实践性法律教学在培养应用型法律人才方面更有其优势和效果。具体表现在以下几方面。

第一，在法学教育的改革中，应将教学内容从以传授理论为主转变为理论与实践并重，尤其强调实践性。传统法律教学侧重于法学理论的讲授，其内容主要围绕法律知识的掌握和法律条文的理解展开，集中探讨法律关系，并从学术角度分析各类法律现象。这种模式虽能让学生积累丰富的理论知识,但因学生缺乏实际操作的机会,导致理论学习与实践应用之间出现脱节。一方面,未经过实践检验的理论难以给学生留下深刻印象;另一方面,缺乏实践经验的学生进入职场后往往感到无所适从。因此,为了使学生更好地适应未来的职业需求,必须调整教学方法,将理论与实践紧密结合。新的实践性法律教学模式旨在打破传统教学中的局限,通过引入模拟训练和实际操作,让学生在校期间就能体验到"三个角色"的转变,即律师、法官、检察官等不同法律职业的角色。这样一来,不仅可以加深学生对理论知识的理解,也有助于提高他们的实务能力,使得他们在毕业后能够迅速适应工作环境。同时,这样的教育方式也有助于解决用人单位招聘时对工作经验的要求,因为学生在校期间已积累了相关经验,可以增强学生的就业竞争力。

  第二,在教学方法上,高校需要从传统的以教师为主导的教学模式转变为强调互动和学生主动参与的现代教学模式。在传统的法律课堂中,教师常常是课堂的主角,学生往往处于被动接受知识的位置,他们的主要任务是听讲和记录,很少有机会进行深度的思考和讨论,这样的方式往往导致学生的学习积极性与主动性不足。与此相反,实践性法律教学鼓励学生成为课堂的中心,使他们从知识的被动接受者转变为积极的探索者。在这一过程中,学生不仅要表达自己的见解,还要通过实际操作来解决法律问题,教师则更多地承担起引导和辅助的角色。这一转变不只是角色上的调整,更是对学生在学习中的主体地位和视角的根本重塑。就如同驾驶车辆时,乘客或许不必关注行车路线,但驾驶员必须对路线了如指掌并进行分析一样,实践性教学把学生置于驾驶员的位置,激励他们更加主动地探索和学习。这种方法显著提升了学生的学习热情,使他们在知识的理解和应用上取得更为显著的效果,这远非传统教学模式所能提供的体验。

  第三,传统法学教育往往按照部门法分设课程,使得教师多专注于特定法律领域,这种模式容易导致实体法与程序法之间的分离,使学生难以形成对法律知识的综合把握的培养。这种分割式的教学方法限制了学生对法律的全面理解和实际应用能力。相较之下,实践性法律课程则强调学科间的融合,突破部门法之间的界限,将不同法律领域的知识进行有机结合。通过这种综合性和实践性更强的教学安排,学生能够在模拟或真实的法律环境中学习并应用法律知识,从而提高解决实际问题的能力。这种方法不仅使法律教学更贴近实际需求,而且有助于学生构建一个更为完整和系统的法律知识框架。

三、实践性法律教学对传统法律教育模式的挑战与应对策略

  作为对现行法律教育模式的一种创新性突破,实践性法律教学的推广无疑对

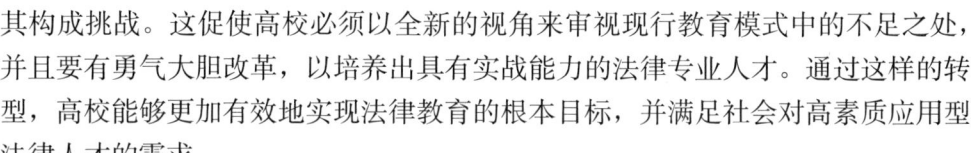

其构成挑战。这促使高校必须以全新的视角来审视现行教育模式中的不足之处，并且要有勇气大胆改革，以培养出具有实战能力的法律专业人才。通过这样的转型，高校能够更加有效地实现法律教育的根本目标，并满足社会对高素质应用型法律人才的需求。

第一，实践性法律教学的推广对现行的法律教学管理体制提出了新的挑战和改革需求。一是教育管理部门应当逐渐减少对高校法学院的直接干预，赋予其更大的自主空间，比如批准法学院根据实际需求灵活设置实践课程和制定教学评估标准。二是传统的管理模式依赖的是详尽的课程大纲和教学计划，而实践性法律教学，如法律诊所课程，往往没有固定的教学大纲和标准答案，这使传统的评价方式不再合时宜。因此，为了适应这种教学模式的转变，必须构建一套新的教学管理体系。这个新体系应强调灵活性及创新性，支持多元化的教学策略，并能够有效评价那些没有预设标准答案的教学成果。这不仅能显著提升教学质量，而且更有利于培养学生的实践操作能力。

第二，在当前的法学教育模式中，学生的评价往往以考试成绩为核心，教师的评估则基于工作量、专业知识、论文发表及学生成绩等多个维度。然而，实践性法律课程对这一评价体系提出了挑战，因为这类课程通常不设传统考试，也缺少标准答案。对学生来说，实践性课程更看重他们在案例分析、模拟法庭等实际操作中的表现。举例来说，一个学生在日常案例分析中可能表现出色，但在期末的理论考试中可能成绩平平。这需要构建一种全面评价机制，它不仅涵盖理论知识，还要充分考虑学生的实践操作能力和问题解决能力。对于教师而言，评价标准也面临着更新。传统的以课时数量来衡量工作量的方式不再适用，取而代之的是对教师指导实践课程的成效、学生反馈以及教师个人实务经验的重视。教师是否拥有丰富的法律实践经验，以及如何有效地将实践经验传授给学生，已成为评价教师能力的新标准。

第三，实践性法律教育对教师提出了更高层次、更具挑战性的能力要求。传统法学院的教师往往侧重于传授法律理论知识，对实践经验有所忽视，甚至兼职律师工作都可能被视为偏离本职。职称评定体系亦偏重理论研究成果，而非法律实践或教学改革的实际成效。然而，在新兴的教育模式中，教师不仅须具备扎实的法律理论基础，更要拥有丰富的实际办案经验。他们不仅要传授法律知识，还要指导学生掌握专业技巧和实际操作，尤其要注重培养学生的实践能力。比如在模拟法庭和法律诊所教学中，教师的实践经验至关重要，直接影响到学生能否真正习得法律实务技能。这种教育模式的转变并非摒弃传统教学，而是在继承其有效元素，如坚实的法学理论的基础上，进行创新和完善。通过强化实践教学，实现理论与实践的有机结合，共同致力于培养既懂理论又具备实际操作能力的法律专业人才。

综上所述，实践性法律教育不仅对传统模式提出挑战，也为教师树立了新的标杆。他们必须同时具备深厚的理论基础和丰富的实践经验，才能有效地将其转化为生动的教学，培养出符合社会需求的高素质法律人才。

第二节　法学实践教学形式的完善和更新

一、实践教学的内涵与独特性

在教育领域，实践教学是一种旨在提升学生实际操作能力的教学模式。这种模式可以从两个层面来理解：一是与理论教学相对，重视学生实践技能的直接培养；二是形式上区别于传统课堂讲授，通过创设真实或模拟的工作环境来促进学生实践能力的提升。本书所指的法学实践教学，特指那些超出常规课堂教学方式，以具体实践活动为载体，旨在直接增强学生法律实务操作技能的教学方式。法学实践教学主要呈现以下三大特点：一是实践性是其核心，它强调通过有组织、有规划的课外实践活动，让学生将法学理论知识应用于解决实际法律问题，进而提升他们的操作技能。二是教学性体现了实践教学的规范性，虽然实践教学是在课堂外进行的，但它是教育体系中不可或缺的一部分，教师需要根据教学大纲进行精心设计，并指导学生参与实践，以保证学习效果。三是参与性是实践教学的重要特征，它鼓励师生共同参与，特别强调学生的主动参与和亲身体验。学生在教师的引导下，自主探索和运用知识，并在真实或模拟的环境中提高解决问题的能力。此外，实践教学还融入了教育家陶行知先生提出的"六大解放"理念，即解放学生的思维、行动、观察、表达、时间和空间，给予他们更自由的探索空间，激发其创造力和主动性，为应对未来职业生涯的挑战打下坚实基础。

二、法学教育中实践教学的关键作用

第一，长久以来，我国高校的教学模式存在理论与实践脱节的问题，尤其在法学教育中表现得尤为明显。传统法学教育侧重于系统化、科学化的法律知识传授，教学方法主要依赖于书本和课堂讲解，过于强调知识灌输和理论探讨，而忽视对学生实际操作能力的培养。在这样的教学方式下，教师讲授知识，学生被动接受知识，师生之间缺乏互动和讨论，导致法学知识变得抽象且难以应用于现实情境，极大地限制了学生的主动性和创造性的发展。

随着社会对法律人才需求的变化，这种重理论轻实践的教育模式逐渐显现出

其局限性。毕业生进入职场后往往需要较长的时间适应实际工作，动手能力和解决复杂问题的能力不足，这不仅影响学生个人的职业发展，也对整个法律行业的运行效率提出了挑战。例如，在国际法院的招聘中，尽管中国每年有大量法学院毕业生参与竞争，但最终他们被录用的比例极低，其中一个关键因素是我国学生普遍缺乏法律推理和论证训练，而这正是优秀法律工作者不可或缺的能力。

因此，加强实践教学，提升学生的实践能力和创新能力，已成为当前高校教育教学改革的核心任务。为了更好地满足社会发展对法律人才的需求，教育界开始重视培养学生的综合素质，包括创新精神和实际应用能力。正如美国法律哲学家埃德加·博登海默所言，一名优秀的法律工作者不应仅仅是一个法律规则的执行者，更应该具备基于经验的判断力和灵活运用法律的能力。

第二，法学实践教学的重要性。法学学科的实践性要求培养学生的实际操作能力。法学的实践性质要求其教学必须与法律的实际应用紧密相连。作为一门探究法律本质与规律的学科，法学紧密融入社会生活，无法独立于现实之外。它不仅仅是规则体系的自我演绎，更是这些规则在具体社会环境中与其他现象相互作用的产物。因此，理解法律不仅仅是学习条文，更关键的是洞察它们在复杂社会背景下的运作方式及其对社会关系的规范作用。法律并非孤立存在，而是深深植根于社会生活的每一个角落，它是协调社会行为、化解矛盾冲突的重要工具。法律条文的具体内容和形式，都是依据特定时空的社会现实制定的。法学家的使命不是无中生有地创造法律，而是基于现实社会关系对法律进行阐释和解读。换句话说，法律之所以如此规定，是因为它映射出那个时代的社会需求和实际状况。因此，法学教育不应仅限于书本知识的传授，还应积极引导学生参与社会实践。通过亲身体验和观察，学生才能深刻领会法律背后的社会背景和内在逻辑，掌握实体法和程序法的真谛及其精神实质。理论与实践的结合，不仅有助于学生更全面地理解法律条文，还能培养他们运用法律解决实际问题的能力。缺乏实践的学习，将使学生难以深刻把握法律的真正含义和作用，也难以精准掌握法律在不同情境中的运用。

法学本科教育的核心宗旨在于培养能够献身于法律领域的专业人才，这一目标明确了教学的核心应当聚焦于学生实践技能的提升。法学教育不仅仅是知识传授和学术探讨，更着重于职业技能的培养，目的是教会学生作为法律专业人士所需具备的关键技能与素养。在法律职业领域，实践能力是评价一名合格法律专业人士的关键指标，这一能力主要涵盖法律思维、法律表达和法律事实探究三个方面。法律思维要求学生准确把握法律概念、合理构建法律命题，并具备严密的逻辑推理能力，以支持他们即将做出的裁决或提供的法律建议。法律表达则包括口头和书面两种沟通技巧，它是指学生能清晰、准确地运用语言来表达特定的法律事实或观点。至于法律事实的探究,学生需要掌握调查、搜集、整理、分析以及验证相关法律事实的技能,这涉及将客观事实转化为符合法律规范和要求的法律事实,实现法律与事实的完美结合。鉴于传统的法学课程设置和教学方法往往未能全面覆盖这些关键技能,对现行教育模式进行改革显得尤为迫切,以适应现代法律行业的实际需求。通过更新课程内容与优化教学手段,高校能够更加重视对学生解决实际问题能力的培养,确保他们毕业后能够迅速适应并胜任各类法律工作。这样的教育改革不仅能够增强学生的就业竞争力,还能为社会贡献更多高素质的法律专业人才。

所以,高校在向学生传授法律条文和程序基本知识的同时,更应重视培养他们以法律工作者身份进行思考的能力,以及熟练掌握法律论证与推理的技能。尽管法律从业者可能会忘记某些具体的法条,但他们可以随时查阅教科书、法律法规汇编或百科全书来弥补记忆的不足。然而,要深刻理解那些塑造法律秩序并推动其发展的政治、社会、经济及伦理因素,则需要法律从业者深入和持久的社会洞察力。为了使学生能够将法律理论与实践有效结合,法律实践教育至关重要。这种教育模式通过将法律条文融入真实案例,引导学生分析法律文本与实际社会情况之间的互动,并提供机会让他们运用法律解决具体问题。在这一过程中,学生不仅能学会法律条文的具体应用,还能在教师指导下参与真实案件,获得宝贵的实践经验和技能训练。

这种教育方法促使学生像律师一样思考,锻炼他们在案例分析、证据收集、人际沟通以及法律文件起草等方面的能力。这不仅可以提升学生的专业素养,也为他们未来的职业生涯奠定坚实基础,确保他们能够熟练应对各种复杂法律情境,真正具备从事法律职业所需的能力。通过这种方式,法学教育不再局限于课堂理论教学,更拓展到实际操作层面,使学生毕业后能够迅速适应工作环境,成为合格且专业的法律人才。

三、建议优化与更新法学实践教学方法与模式

尽管传统实践教学在应用中遭遇不少挑战,但其对于激发学生的学习热情和提升实际操作技能的作用仍不容小觑。为了更有效地提升学生的实践能力,我们不仅需要对现有的传统实践教学方法进行优化和规范化,还应积极探索法律实践教育的新途径,创新多元化的教学模式。一方面,通过改进传统实践教学,学生能够获得更加系统和高效的实践训练;另一方面,丰富法律实践教学的多样性,能让学生在不同环境中广泛锻炼自己的专业能力。因此,融合传统与创新的教学策略将有助于全面提高学生的实践能力,并使他们更好地适应未来职业发展的多元需求。

第一，为了提高传统实践教学的品质与成效，高校可以从以下几个关键环节着手进行优化与创新。一是必须调整教学规划和评估体系，提高实践教学活动的地位。这涉及在课程设计中强化学生实际操作能力的培养，并在学生的学业评价中增加实践成绩的比重。这样的调整旨在确保法学理论教育与实践技能训练并重，从而加深师生对实践环节重要性的认识。二是应加大对实践教学的资金投入，改善教学环境和设施。具体措施包括扩大法律文献检索室和模拟调解室的空间，更新实验设备，并按照真实法院审判庭的标准建设模拟法庭，配备完善的设施。这不仅为学生提供了更多接触真实案例和技术的机会，也有助于他们更深入地理解法律程序和技术细节，积累宝贵的实践经验。此外，合理配置师资力量同样至关重要。根据学生人数适当调整教师配比，确保每位学生都能获得足够的关注和指导。同时，要打造一支高素质的教师队伍，鼓励和支持教师参与法律实务，以提升其专业水平。正如古语所云，"师者，所以传道授业解惑也"，优秀的教师能够更好地引导学生成长，使其在学术与实践两方面都能取得显著进步。

第二，为了更高效地培养学生的法律实践能力，高校必须认识到每种实践教学方法都有其独特的适用场景和限制。因此，根据学生的不同学习阶段和背景，灵活采用多样化的实践教学方法显得尤为关键。通过拓宽法律实践教学的途径并丰富其形式，高校能够帮助每位学生找到适合自己的实践路径，全面锻炼学生在各个方面的实践技能。具体而言，对于专业基础水平相似的学生群体，高校可以引入多种类型的教学活动以满足他们多样化的需求；对于处于不同学习阶段或专业基础水平不同的学生，则应设计出与其当前水平和需求相匹配的实践项目。这种个性化的教学方法不仅有助于实现学生的个性化发展，还能有效解决学生实践需求扩大与资源有限之间的矛盾。此外，增加法律实践机会对于积累学生的实践经验至关重要。高校可以采取以下措施：一是组织社会调研，让学生深入社区和机构了解实际法律问题，并提出切实可行的解决方案；二是推广法律诊所教育，建立法律援助中心，让教师指导并带领学生为真实客户提供法律咨询和服务。这些实践不仅有助于学生将理论知识应用于实际情境，还能增强他们的社会责任感和服务意识。总之，通过拓展法律实践教学的渠道，高校不仅能提升教学质量，还能促进学生在实践中成长，为他们未来的职业生涯打下坚实的基础。

第三节　社会实践与法学专业学生能力的培养

一、法学专业学生社会实践的理论基石

在高等教育体系中，社会实践教学与课堂教学共同构成人才培养的两大核心支柱。社会实践不仅是课堂学习的有益补充，也是素质教育的关键环节，它在提升大学生的思想道德品质和科学文化素养方面发挥着不可或缺的作用，成为学生深入了解国家、积极参与社会服务、不断增长个人才干的重要途径。同时，社会实践被视为大学生思想政治教育的一个重要组成部分，被纳入高等教育的教学规划之中。

大学生思想政治教育是一项涉及政治导向、思想引导、理论学习和实践锻炼的综合性教育工作。鉴于其具有高度的政治性、思想性、理论性和实践性，高校在强化这些方面的教育时，同样需要高度重视社会实践教学的开展。通过社会实践，可以有效促进理论与实践的结合，帮助学生将书本上学到的科学理论、专业知识和基本技能转化为解决实际问题的能力。这一过程不仅有利于学生深化对理论知识的理解，还能在实践中锻炼其创新能力，培养良好的职业道德和社会责任感。

具体而言，高等院校组织社会实践活动的目的在于引导学生将所学知识应用于现实情境，通过亲身参与各类社会服务项目，如农村支教、社区志愿服务、企业调研等，进一步丰富自身的知识体系，提升实践技能。同时，这些经历有助于学生树立正确的世界观、人生观和价值观，增强对中国特色社会主义道路的信心，激发爱国情怀和服务社会的热情。最终，社会实践活动旨在为学生未来成为合格的社会主义建设者和接班人打下坚实的基础，使他们能够在毕业后迅速适应社会需求，为国家的发展贡献自己的力量。

综上所述，社会实践教育在高等教育中占据极其重要的地位。它不仅能够促进学生的全面发展，还能够为实现高等教育的培养目标提供强有力的支持，对于培养具有坚定理想信念、强烈社会责任感和卓越实践能力的新时代青年人才具有深远的意义。

二、法学专业学生参与社会实践的积极影响

大学生通过参与社会实践活动，能够直接接触到社会的各个方面，深入了解

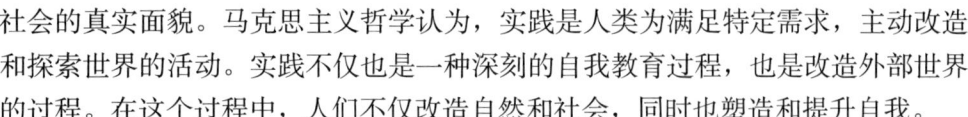

社会的真实面貌。马克思主义哲学认为，实践是人类为满足特定需求，主动改造和探索世界的活动。实践不仅也是一种深刻的自我教育过程，也是改造外部世界的过程。在这个过程中，人们不仅改造自然和社会，同时也塑造和提升自我。

社会实践对大学生的思想观念产生积极影响。当他们走出校园，深入社会，与民众面对面交流互动时，他们可以从实际案例中汲取养分，获得深刻启示。这种亲身体验不仅能提升他们的思想境界，还可以增强他们的社会责任感。在实际的社会交往中，大学生更能理解社会的复杂性和多样性，学会多角度思考问题，培养解决实际问题的能力。这些经历有助于他们树立正确的人生观和价值观，明确个人在社会中的定位和发展方向，为未来奠定坚实基础。

社会实践作为连接大学生理论学习与实际应用的桥梁，使他们在接触社会与自然的过程中，积累感性认识和实用知识。这不仅能让大学生将课堂所学理论与现实现象相对照，锻炼动手、动脑、动口能力，还能提升他们的工作技能。在此过程中，他们能发现自身的不足并加以改进，实现个人能力的全面提升。

社会实践不仅是落实国家政策的重要途径，也是大学生思想政治教育的有效方式。以"科技、文体、法律、卫生'四进社区'"活动为例，这一模式既为大学生提供展示才华、应用知识的平台，又推动精神文明建设，满足青年学生成长需求。笔者所在的学院秉持"受教育、长才干、作贡献"的原则，鼓励学生在实践中收获成长，同时为社会贡献力量。学生通过参与这类活动，能够提升自身综合素质，并传播党的方针政策和学校的科研成果，以自身的知识和技能回馈社会。

自2004年以来，笔者所在的学院与地方政府部门及兄弟院校合作，组织学生深入社区开展法律宣传、咨询等志愿服务活动，获得居民好评。这些活动既帮助学生提前适应社会，又锻炼其心理承受能力、社会适应能力、人际交往能力、组织管理能力和创新能力。社会实践经历为学生步入社会、迎接挑战奠定基础，有利于培养出既有扎实理论功底又有丰富实践经验的复合型人才。总之，社会实践丰富了大学生的学习经历，为其全面发展提供了广阔舞台。通过这些活动，大学生不仅能更好地理解社会、服务社会，还能在实践中不断成长，为未来成为社会有用之才奠定坚实基础。

三、法学专业学生参与社会实践的主要方式

法学专业学生的社会实践主要分为两大领域：一是纳入正式教学计划的实践活动，二是超出课堂教学范围的自主社会活动。在正式的教学安排中，学生可通过参与刑事侦查与物证技术实验、法庭审判观摩、模拟法庭演练和专业实习（如毕业实习）等环节，深化对法律理论的理解和实际应用能力。而在课堂之外，学

生有机会投身于更广泛的社会实践，如社会调研、实地考察、提供科技文化服务、勤工俭学、志愿服务、社团活动以及挂职锻炼等。这些活动不仅能丰富学生的课外生活，还有助于他们将所学知识应用于社会，培养他们解决实际问题的能力和增强其社会责任感。

对此，笔者建议法学专业学生的社会实践应围绕三个核心要素展开：专业实践、调研创新和社会调查，并积极鼓励学生探索自主创业的可能性。具体实现方式包括：优化课程设置，强化实践环节；搭建创新平台，鼓励学生参与调研与创新项目；拓宽社会调查渠道，让学生在实际操作中提升能力。通过这些措施，可以全面提升法学专业学生的社会实践质量，为社会培养更多高素质的法律人才。

第一，专业实践。专业实践是指在教师的专业知识指导下，有计划地组织大学生参与社会活动或是大学生自发在社会中运用专业知识了解、认识并服务于社会的一切操作性的活动和行动。高校扩招之后，法学专业的在校学生人数大大增加，高校难以统一组织学生进行专业实践。因此，根据就近就便、灵活多样的原则，要求学生利用寒暑假回到当地进入与专业相关的单位见习或实习是可行之举。

同时，为了给学生提供更多更好的实践和锻炼的平台，不少高校法学院与当地司法局等部门合作建立了教学实践基地，定期或不定期地安排学生到实践基地进行审判观摩、见习或毕业实习。近年来，笔者所在的学院陆续与当地法院、检察院、市总工会法律工作部、司法局、律师事务所和省农民工法律援助站等单位建立合作关系，联合举办中学生法治夏令营、农民工法律夜校、普法宣传、送法到工地、模拟法庭等活动，走出了一条教学实践的创新之路，使参与学生的能力得到很好的锻炼。

第二，实战竞赛活动。"挑战杯"全国大学生课外学术科技作品竞赛是一项由共青团中央、中国科协、教育部、全国学联和承办高校所在地人民政府联合主办的大型竞赛活动，得到了国内多所知名高校和新闻媒体的大力支持。这项被誉为"中国大学生学术科技奥林匹克"的竞赛活动，分为课外学术科技作品竞赛和创业计划大赛两大部分，旨在激发大学生的创新精神和实践能力，展示他们的学术科技成果和创业潜力。为了鼓励学生积极参与"挑战杯"竞赛，笔者所在的高校在原有的学生课外学术科技作品竞赛奖励的基础上，建立了一套更为完善的奖励机制。近三年来，学校共推荐了数十件作品参加校内外各类比赛，取得了优异的成绩。这些成绩不仅提升了学生的自信心和团队协作能力，也为学校赢得了荣誉。模拟法庭竞赛是法学教育中的一个重要组成部分，已在许多国家成为培养法律人才的重要手段。国际上，各种形式的模拟法庭比赛层出不穷，吸引了来自世界各地的法学专业学生参与。然而，由于种种原因，模拟法庭比赛在国内法律院校尚未引起足够的关注和重视，同时，国内法律院校也缺乏类似于国外的系统化训练和竞赛机制。

近年来，随着法学教育的不断发展，国内一些高校开始重视模拟法庭竞赛。例如，清华大学举办的"理律杯"全国高校模拟法庭大赛，虽然是非官方性质的比赛，但已经受到了许多高校法学院的热烈欢迎。此外，各高校之间以及高校与律师事务所等机构联合举办的模拟法庭比赛也逐渐增多，这些比赛不仅为学生提供展示自己法律知识和辩论技巧的平台，还有助于增强他们的实践经验和职业素养。为了进一步推动模拟法庭竞赛的发展，笔者所在的高校采取多项措施支持学生参与这类活动。一是学校设立专门的指导教师团队，为参赛学生提供专业的辅导和培训。二是学校投入专项资金，用于购买模拟法庭所需的设备和材料，确保比赛顺利进行。此外，学校还定期举办模拟法庭内部选拔赛，选拔优秀选手参加更高层次的比赛。通过这些努力，笔者所在的高校法学专业学生在各类模拟法庭竞赛中表现突出，不仅提升了自身的法律实践能力，还为学校赢得了良好的声誉。模拟法庭竞赛已成为笔者所在的高校法学教育的一大亮点，为学生未来的法律职业生涯奠定了坚实的基础。

第三，探讨现代社会现象与问题，并撰写社会调研报告。社会调查是大学生运用所学专业知识，按照科学方法对各类社会现象和问题进行实地探究的过程。这不仅有助于学生将理论应用于实际，通过直接收集的资料来验证理论，还能加深学生对法学等学科的理解，同时激发学生探索现实社会问题的热情和创新能力。

在笔者所在的学院，学生通常在假期结合创新项目开展社会调查，常用的手段包括文献研究、问卷调查和专家访谈等。自2004年起，学院已组织超过20支社会实践团队，开展具有鲜明特色的社会实践活动，团队足迹遍布全国各地，包括四川阿坝、云南建水等地，特别是在少数民族地区。这些活动让学生走出校园，深入多元化的文化背景和社会环境中，进行有意义的探索和研究，有效促进了理论知识与实践经验的结合。

四、提升法学专业学生社会实践能力的具体措施

当前，我国高校学生社会实践活动中存在诸多问题，如管理缺乏统一性、组织性较差、制度不完善等，缺乏一套系统化的引导框架。在此背景下，学校未能充分发挥引导和支持作用，导致社会实践活动的开展显得散乱、不规范且难以持续。此外，指导教师在理论和实践指导方面的不足，导致学生的社会实践活动与课堂教学内容脱节。同时，社会实践未能紧密围绕专业知识进行，这降低了学生的参与热情，影响了活动效果。资源短缺和社会实践机会有限，也限制了更多学

生的参与。

为改善这一现状，我们应重点关注学生两方面的能力提升：一是加强实践技能的培养，确保活动内容充实且与专业学习紧密结合；二是提高组织协调能力，让学生能够更好地规划和执行社会实践活动。

通过构建更加完善的管理体系和支持机制，鼓励教师积极参与指导，并增加实践资源和机会，高校有望提升学生社会实践的质量和效果，进而激发学生的主动性和创造力。

第一，培养社会调查的核心技能。对于法学专业学生而言，开展社会调查之前做好充分的准备工作是确保调查成效的关键环节。选题的恰当与否不仅指引着调研的方向与深度，更直接关系到研究成果的质量。因此，在挑选调查主题时，实用性、创新性与可行性是不可或缺的考量要素，它们共同构成选题的核心标准。选题需紧跟社会热点，聚焦那些具备现实意义的议题。举例来说，医患关系中的权利保护、农村法治建设的进展，或是公共危机事件中公民的知情权等，都是紧贴时代脉搏的话题。这些议题不仅与日常生活息息相关，而且映射出社会面临的重要挑战。应尝试从新的视角切入已有的研究领域，提出更具深度和独创性的见解。例如，探讨"送法下乡"的实施路径，此类新颖的切入点能够为传统问题带来创新的解决策略或视角，进而丰富学术界的讨论内容。选题应结合周边的实际状况和社会改革需求，例如考察民族地区司法人员的现状、天然林保护工程对当地经济的影响，或是社区法律援助服务的具体情况。这类选题不仅有助于深入理解社会现象，还能为政策的制定与改进提供直接服务。一个精准且充满创意的选题，不仅能够锻炼学生的独立思考能力，还能激发他们的学术探索精神，避免在分析问题时盲目跟风。精心的选题过程是对学生综合素养和专业能力的一次锻炼，使其在面对复杂社会问题时，能够提出具有洞察力的见解和建议。

调查的具体方法。在社会调查中，学生主要采用两种方法：有针对性的问卷调查和实地访谈。问卷调查是一种精细的技术活，需要精心策划。一是问卷内容应紧密围绕调查主题，确保所提的问题能反映出调查的目的和重点。二是在选择调查对象时，要力求覆盖具有代表性和广泛性的群体，以使收集到的数据具有说服力。三是问题表述要简洁明了，避免使用专业术语或难以理解的词汇，以减少产生误解的可能性。在设置选项时，不仅要保证选项的全面性和逻辑性，还要尽量科学合理，确保每个选项都能准确反映受访者的实际情况。四是问卷调查还需重视保护受访者的个人信息安全和隐私权，这是开展任何调查的基础。在整个过程中，要尊重每一位受访者，确保他们提供的信息不被滥用，以建立良好的信任关系，获得真实有效的数据。以上方法不仅能提高调查的质量和效率，还能提升学生在实际操作中的应变能力和专业素养。

调查的总结、成果的形成。在完成社会调查的前期工作后，学生需要及时、客观地整理和分析收集到的各类有效资料与数据。这一步骤可以通过数据对比、图表展示等多种方式来实现，以直观地展示调查成果，使结论更具说服力。在分析过程中，关键是结合调查发现的理论预期（"应然"）与实际情况（"实然"）的差异，深入探讨产生这些差异的原因。这可能包括现有制度设计与实际执行之间的矛盾，或理论框架在应用层面所面临的挑战。通过对这些问题的详尽剖析，学生可以提出自己独到的见解，并据此给出建设性的思考或建议。这样的总结不仅是对调查成果的全面梳理，也是对学生个人研究能力的重大考验。通过这一过程，学生不仅能够深化对特定社会现象的理解，还能提升解决问题的实践能力，为未来的职业发展奠定坚实基础。同时，撰写高质量的调查报告有助于提高学生的写作水平，使其学会如何简洁明了地传达复杂的观点和数据，这对于各领域的专业人士都具有极高的价值。

第二，关于司法实践核心能力的培养。法律咨询和司法实习是法学专业学生参与司法实践活动的主要方式。法律咨询技能对于法学专业学生而言至关重要，它是司法实践的核心能力。开展法律咨询活动既是对学生的法学知识应用的实地检验，也是学生服务社会的有效途径。在提供法律咨询服务时，学生必须具备全面掌握实体法和程序法的能力，并能将复杂的法律术语转化为易于理解的语言，以便咨询者能够准确把握。法律咨询的过程包含以下几个关键步骤：精准地将咨询问题归入相应的法律领域；以清晰、简洁的方式阐释相关的法律概念；基于法律条款和实际情况，对所掌握的信息进行合理的初步判断；为咨询者提出具体可行的建议。在这一过程中，学生应以服务大众的心态，带着高度的责任感对待每一位咨询者及其问题。面对自己不确定或无法解答的问题，学生应诚恳地告知咨询者，并主动寻求专业人士的协助或指导，确保所提供的信息准确无误，防止误导咨询者。这种做法不仅能保护咨询者的权益，也展现出学生作为未来法律从业者应有的专业精神和责任感。总之，培养法律咨询技能不仅有助于提升学生对法学专业知识的实际运用能力，还能锻炼学生的沟通技巧和服务意识。通过持续的实践和学习，学生在助人的同时，也能进一步巩固法学基础知识，成长为更加专业的法律人才。

在司法实习期间，无论实习单位是公安部门、法院、检察院还是仲裁委员会及律师事务所，学生都应秉持严肃认真的态度，严格遵守工作纪律。在实习过程中，应保持谦虚求学的精神，积极思考和深入分析遇到的专业问题，并提升人际交往能力，促进团队合作能力和个人沟通技巧的发展。这些实践经验不仅能解决具体工作中的问题，还能为未来的学术研究提供灵感。

为了确保社会实践的有效性，高校应当根据法学专业的特点和实际情况，构建科学合理的实践体系与考核机制,将社会实践活动融入整体教育规划之中。这包括制定详细的规章制度和辅助文件,明确社会实践的指导思想、原则目标、内容形式、评估方法等。同时,建立以学生为中心的导师指导模式,鼓励理论联系实际,结合教学活动,使学生在实践中获得成长与提升的机会。通过这些措施,可以更好地推动学分制下的社会实践改革,提高学生的综合能力和素质。

第四节　法学专业学生第二课堂活动与实践能力培养

长期以来,我国的法学教育侧重于培养学生的理论知识掌握能力,而忽视了培养学生的实践技能。这种教育模式主要集中在书本知识和课堂讲授上,导致学生在主动性和创造力方面受到限制。他们习惯于被动接受信息,善于记忆却缺乏独立思考和批判性分析的能力,尤其是在面对复杂的法律问题时,很难形成自己的见解。此外,这种教育方式还使得学生在实际操作能力、口头表达、书面表达以及适应社会变化等方面与雇主的需求存在明显差距,很多新入职的法学毕业生甚至需要较长时间才能达到岗位要求。周济部长在第二次全国普通高校本科教学工作会议上的讲话中强调指出,强化实践教学是高等教育改革的重要方向。实践不仅是学生获取真知灼见的重要途径,也是促进其全面发展、提升综合素质的关键环节。随着改革开放的深入和社会经济的快速发展,社会各界对人才的要求越来越高,法学教育面临着前所未有的挑战。为了应对这些挑战,法学教育应当承担起培养"基础扎实、视野开阔、素质优良"的复合型法律人才的历史使命。

一、法学专业学生实践能力的定义与范畴

法学专业学生的实践能力,即他们能在具体案件中运用所学法律知识进行深度分析,准确应用法律条款,并给出有效的司法建议或参与法律诉讼的能力。这一能力常被形象地描述为"一支敏锐的笔、一张坚定的嘴",它不仅体现了法律工作者的实际操作技巧,还涵盖逻辑思维、沟通交流、谈判技巧、诉讼能力、调研分析以及应对突发状况等多方面的能力。为培养学生的这些关键能力,一是要加强师资队伍建设,提升教师的职业道德和教学水平,打造一支优秀的教师团队。二是要改革课堂教学模式,从单一的灌输式教学转向互动的启发式、讨论式和探究式教学,激发学生的学习兴趣和主动性。三是要优化法学课程设置,提高实践性课程的比例,确保学生有更多机会参与真实的法律案件,积累宝贵经验。此外,第二课堂活动在培养法学专业学生的实践能力方面起着不可或缺的作用。通过组织模拟法庭、法律咨询、社会调查、案例分析比赛等活动,学生能将理论知识与实际操作相结合,同时锻炼团队协作精神和社会责任感。这些活

动为学生提供了一个自我展示和挑战自我的平台，有助于他们在轻松愉快的氛围中提升综合素质和职业技能。总之，培养法学专业学生的实践能力是一项系统工程，需要学校、教师和学生共同努力，不断创新教育方法和管理模式，为学生创造良好的学习和发展环境，最终培养出既有扎实理论基础又有丰富实践经验的复合型法律人才。

二、第二课堂活动对提升法学专业学生实践能力的独特贡献

第二课堂活动是指在正式教学计划内的课堂教学和专业课程之外，涵盖文化娱乐、智力训练、知识竞赛、科技学术研究及社会实践活动等多种形式的课外活动。这类活动是大学生活的重要组成部分，以其内容的多样性、形式的趣味性、过程的自主性以及知识的实用性等特性，丰富了学生的校园生活，同时也提升了学生的综合素质。尤其对于法学专业的学生来说，这些活动对他们实践能力的培养具有特殊的价值。

第一，第二课堂活动对法学专业学生专业特长的培养作用显著。第二课堂活动不仅能够促进学生在各自擅长的领域内发挥潜能，还能激发他们的主动性和创造性，帮助每位学生根据自己的兴趣和特长找到合适的发展方向。这类活动通过多样化的内容设置，如法律辩论赛、模拟法庭、案例分析竞赛等，为学生提供了展示和提升自我的平台。在参与过程中，学生不仅能够深化对专业知识的理解，还能将理论知识与实际操作有效结合，实现知识与能力的深度融合。同时，这些活动还有助于提高学生的思想政治素质和文化素养，增强他们的专业技能和社会适应能力。

第二，第二课堂活动在提升法学专业学生的法律素养和专业技能方面的效果显著。法律素养的培养不仅仅是知识的传授，更重要的是通过多样化的途径和方式，让学生掌握法律的基本知识、技能和精神，形成良好的法律素养和法治意识。这需要良好的法律文化氛围作为支撑，而第二课堂活动正是构建这种氛围的有效手段。通过举办法律文化节、法律知识竞赛、法治讲座等特色文化活动，可以潜移默化地影响学生，让他们在轻松愉快的环境中接受法律文化的熏陶，提升自身的法律素养。这些活动不仅有助于增强学生的法律意识，还能提高他们解决实际法律问题的能力。

第三，实践性教学是法学专业学生培养的重要组成部分。根据教育部高等教育司1998年发布的《普通高等学校本科专业目录和专业介绍》，法学专业学生的培养方案中明确规定了多项实践性教学环节，包括但不限于见习、法律咨询、社会调查、专题辩论、模拟审判、疑难案件讨论以及实习等。这些环节的设计旨在通过真实的法律实践，让学生在实际操作中学习和成长，从而更好地掌握法律知

识和技能。实践性教学不仅能够帮助学生巩固课堂上学到的理论知识，还能培养他们解决复杂法律问题的能力，为未来的职业生涯打下坚实的基础。通过这些实践活动，学生可以在真实的情境中锻炼自己的专业技能，提高法律实务操作水平，增强就业竞争力。

实践性教学的核心目标是培养学生的多方面能力，如逻辑思维、沟通交流、谈判技巧、诉讼技能、调研能力等。这种能力的提升并非一蹴而就，而是在不断的实践训练和经验积累中逐步提高。尽管第一课堂能提供基础的理论知识，但真正的能力提升也需要在第二课堂中通过实践锻炼来实现。第二课堂不仅有助于巩固和拓展第一课堂所学知识，更是一个全方位的成长平台，将品德教育、知识学习、能力培养和身心健康融为一体。参与第二课堂活动，学生能亲身经历实际问题的解决过程，从而更好地理解和应用所学，激发主动性和创造性，实现自我能力的提升。

三、第二课堂的主要活动形式

第一，开展营造育人氛围、培养全面素质的系列校园特色文化活动。通过举办一系列富有特色的校园文化活动，营造良好的育人氛围，全面提高法学专业学生的综合素质。法学专业学生的第二课堂活动对于提升其法律素养和人文素质具有重要作用。在组织第二课堂活动时，高校应秉持第二课堂与第一课堂教学相结合，教师指导与学生自主活动相辅相成，教育性与娱乐性、可行性与科学性相统一的原则，力求打造高质量的活动内容，创新活动形式，彰显专业特色。

举办系列法律知识学术报告和讲座。为了提高法学专业学生的专业素养和学术能力，学院每学期都会举办一系列学术报告和讲座。这些活动不仅包括院内副高职称以上教师和在读博士的精彩分享，还会邀请校外知名法学专家以及来自公安、检察、法院等实务部门的资深人士进行授课。通过这些讲座，学生能及时了解我国法学理论的最新动态，感受学术前沿的魅力，从而激发学习热情和研究兴趣。这种学术氛围的营造，拓宽了学生的视野，为他们提供了与专家学者面对面交流的机会，有助于培养学生的批判性思维和独立研究能力。

举办各类辩论和演讲活动。辩论赛和演讲赛是提升法学专业学生思辨能力、分析能力和口头表达能力的有效途径。尤其是法律疑案辩论赛，不仅能提高学生对法律知识的应用能力，还能增强其逻辑思维和应变能力。这些活动形式生动活泼，深受学生喜爱。因此，学院通过学生会、法学研究会、绿色法律行动组等学生社团，以及各班级委员会，定期举办各类辩论赛，包括法律疑案辩论赛。这些活动不仅能锻炼学生的辩论技巧，还可以培养学生的团队合作精神和竞争意识，使他们在轻松愉快的氛围中不断提升自己。

设立模拟法庭。开展模拟法庭是培养法学专业学生实践能力的重要方式。通过组织模拟法庭活动，学生可以系统地运用所学的法学知识，将理论与实践紧密结合。在法律实务中，大多数具体案件都涉及实体法和诉讼法，两者缺一不可。然而，学生在平时学习各个部门法时，所接触到的知识点和案例讨论通常是相对孤立的，很难自然地将实体法与诉讼法结合起来，形成系统化的知识体系。通过模拟法庭的实践，学生能够以真实的角色参与庭审的各个环节，从案件的准备、证据的收集、法庭辩论到最终的判决，都需要运用到实体法和诉讼法的知识。这种全方位的实践锻炼，不仅使学生逐步掌握系统运用法学知识的技巧，还有助于加深他们对法律在社会中功能的正确认识。通过模拟法庭，学生能够更好地理解法律的实际应用，为未来的职业生涯打下坚实的基础，同时也为培养法律职业信仰和职业素养提供了重要的平台。

全面提升法学专业学生的综合素质。学院大力举办各类主题鲜明、内容丰富、形式多样的校园文化活动。这些活动既包括深受大学生喜爱、参与度高的群众性文体活动，也涵盖多样化的主题演讲赛、文艺表演和体育竞赛等，旨在提升学生的思想文化素养和身体素质。

第二，通过社会实践活动培养法学专业学生的专业技能和社会责任感。法学专业学生的实践能力的核心在于独立处理案件的能力，即动手能力。这对于法学专业毕业生来说至关重要。在此背景下，第二课堂活动在培养这种能力上发挥着不可或缺的作用。

寒暑假开展的社会实践活动，如送法下乡、法律调研和挂职锻炼等，不仅能增强学生的社会责任感，也有利于锻炼他们的实际操作技能。笔者所在的学院秉持"就近就便、灵活分散"的原则，组织学生到公检法机关或律师事务所见习，进行专题调查，并组建宣讲团深入各地开展法律服务，这些活动获得了广泛的社会认可。

通过青年志愿者服务活动，学生有机会深入社区和基层，参与慰问敬老院老人、发起保护消费者权益的签名活动、举办预防未成年人犯罪的宣传活动等公益活动。同时，积极参与政府机构和高校联合举办的维护农民工权益的大型宣传活动，这促进了学生与社会的互动交流。再者，学院与司法部门紧密合作，建立了教学实践基地，为学生提供了实习和旁听审判的机会，拓宽了他们的视野，增强了实际操作能力。目前笔者所在学院已与多家单位达成合作协议，为学生构建了一个有利于成长的广阔平台。

学院设立了"学生法律援助中心"，在专业教师的指导下，该中心不仅汇聚了优秀人才，致力于服务社会，还成为一个展示法律文化和交流先进经验的平台。学生在此将理论知识应用于实践，关注社会法律热点问题，有效提升了学习效果。总之，通过这些多样化的实践形式，学院成功探索出一条强化实践教育的新路径，致力于培养高素质、具有实战能力的法律人才。

第三，通过课外科技学术活动培养学生的创新精神和创新能力。对于法学专业学生而言，实践能力的培养是一个逐步积累且复杂的过程，需要长期不懈的努力。为确保第二课堂活动能有效促进学生实践能力的发展，年级辅导员和专业教师应发挥引领作用，同时激发学生干部和党员的参与热情，使活动管理更加规范化和制度化。此外，还应不断探索新方法，增强活动的互动性、思想深度和专业针对性，确保第二课堂真正服务于学生实践能力的提升。

第五节 "对抗式"案例教学法的探索与运用

案例教学法，也称为判例教学法，近年来在我国法律教育领域得到广泛认可。然而，它与传统理论讲授法之间的关系，以及哪种方法应成为我国法律教育的主导方法，依然存在争议。在我国现行以成文法为核心的法律制度背景下，案例教学法无法完全替代传统理论讲授法成为主导教学方法。因此，在实际应用中，高校需要明确案例教学法与传统理论讲授法的关系，并根据我国法律制度的实际情况，对案例教学法进行本土化改革。传统理论讲授法在法律教育中占据重要地位，它通过系统讲解法律理论，帮助学生奠定坚实的法律知识基础。相较之下，案例教学法通过分析具体案例，增强学生的实践能力和法律应用能力。这两种教学方法各有优势，应相互补充而非相互排斥。在理论讲授的基础上，融合案例教学法的优点，可以实现最佳教学效果。在我国现行法律制度环境下，案例教学法的应用需进行一定程度的本土化改革。具体而言，可从以下几个方面进行探索：

一、案例教学法：突破传统理论讲授弊端的教学方法

案例教学法是英美法系国家在法律教育中普遍采用的一种教学方法，其创始人是美国哈佛大学法学院院长克里斯托弗·哥伦布·兰德尔（Christopher Columbus Langdell，1826—1906）。1870年，兰德尔担任法学院院长后，基于自己长期从事法律实践的经验，大力改革传统的由教师讲授知识、学生被动接受知识的教学方式。他主张，法律原则应由学生通过研究已决案件自行发现，而不是由教师通过教科书和讲课来灌输。这一创新性的教学方法，即案例教学法，对后来的法律教育和研究产生了深远的影响。

案例教学法的理论基础在于，任何法律都包含着一些重要的原则，但这些原则不应通过教师的灌输和说教来传授，而应由学生通过阅读案例和回答案例中的

问题来自己发现和理解。这种方法强调学生的主动参与和自主学习，而不是被动接受。

尽管案例教学法和举例教学法在形式上有些相似，但两者有本质的区别。举例教学是从理论联系实际的角度出发，在讲解理论时列举一些典型案例来说明理论；而案例教学法则是以案例为基础，通过师生的讨论和分析，发现并阐明案例中包含的法律原则和原理。案例教学法更注重学生的主动参与和批判性思维的培养。

在不同的法系中，由于法律渊源的不同，案例教学法的地位也有所不同。大陆法系国家以制定法为主要法律渊源，因此，法律教育中理论讲授法占据主导地位，案例教学法仅作为辅助手段，用于加强法律教育与实践的联系，帮助学生理解法律条文和了解司法运行程序。而在英美法系国家，判例法是主要的法律渊源。判例法产生于诉讼中，法官在审理案件时必须参考先前的判例，从中提取适用的原则或规则。因此，法律教育中案例教学法居于主导地位，理论讲授法则处于从属地位。尤其在美国，案例教学法的影响极为深远。

近年来，大陆法系和英美法系在法律教育方法上出现相互借鉴和融合的趋势。大陆法系国家开始逐渐引入案例教学法，以增强教学效果；而英美法系国家也在加强理论讲授，以提供更系统的基础知识。这种融合旨在取长补短，提高法律教育的整体质量。

我国法律以制定法为特征，法律教育秉承大陆法系的传统，以理论讲授为主。通过系统的理论讲授，学生能够理解和掌握相关的法律知识。尽管在课堂讲授中可能结合法律原理讲解个别案例，或者组织学生讨论分析案例，但案例分析始终不是法律教学的主要手段，而是一种辅助手段，用于加深学生对法律知识的理解和熟悉。直到近几年，案例教学法才成为法律教育界讨论的热点，其优越性已基本得到广大法律教育工作者的认可。部分法学院已经开始试行案例教学法，并取得了一定的成效。

案例教学法的优势在于，它能够克服传统理论讲授的弊端，增强学生的实践能力和法律应用能力。通过具体案例的分析，学生能够更好地理解和掌握法律原则，提高解决实际问题的能力。同时，案例教学法还能够活跃课堂气氛，激发学生的学习兴趣，培养学生的批判性思维和团队合作能力。

总之，案例教学法作为一种新兴的教学方法，已经在我国法律教育中展现出巨大的潜力。通过结合传统理论讲授法和案例教学法的优点，可以有效提升法律教育的质量，培养出具有扎实理论基础和较强实践能力的高素质法律人才。未来，我国法律教育应继续探索和推广案例教学法，以适应法律实践的需要。

二、"对抗式"案例教学法：以课堂为基础的教学法创新

如前所述，案例教学法的核心在于通过分析研究案例，探寻并理解法律原理。在这一过程中，案例无疑是基础。这些源自实际诉讼的案件有一个显著特征——"对抗性"，即无论案件类型如何，双方都存在冲突与对抗，最后由法院作出裁判。因此，在运用案例教学法时，分析讨论案例的过程中必然会出现对抗。"对抗式"案例教学法正是基于这一特点，充分利用案例的对抗性，发挥学生的主动性，通过分析案例来发现和理解法律原理的一种创新教学方法。

第一，"对抗式"案例教学法的特点。"对抗式"案例教学法的核心在于将案例教学融入法律教育中，这并非只是在理论教学过程中穿插案例分析，或是在完成某一部分理论教学后再组织案例讨论。这种教学方法要求学生在课前深入研究教师提供的具体案例，广泛查阅相关资料，做好充分准备。在课堂上，学生通过模拟不同立场进行辩论，在教师的指导下对案例进行深入探讨。这一过程不仅旨在让学生通过案例学习法律的基本原则和精神，更重要的是，它能够帮助学生在辩论中提炼出法律原则、规则以及不同法律条文之间的关系。在借鉴英美法系的案例教学方法时，高校需要根据我国法律体系和法学教育的实际情况进行适当调整，不能盲目复制英美法系的案例教学模式，即完全以案例教材为基础，仅通过案例讨论来传授法律知识。相反，应采取理论讲授与案例教学相结合的教学方式。这意味着在确保法学理论体系完整性的同时，教师应选择那些对理解法律原理至关重要、具有较高学术价值的案例进行教学。通过这种方式，既能将法律教育与司法实践紧密结合，又能避免过度依赖案例教学可能导致的理论体系不完整、无法全面覆盖法律原理等问题。这种教学方法不仅有助于培养学生的批判性思维能力和解决实际问题的能力，还能在一定程度上激发学生的学习兴趣，促使他们主动参与学习过程。通过"对抗式"的案例讨论，学生还能学会从不同角度思考问题，增强他们在未来职业生涯中处理复杂案件的能力。因此，"对抗式"案例教学法是一种值得推广和应用的现代法学教育模式。

通常，案例教学法主要采用苏格拉底式问答或小组讨论的方式。教师通过连续提问或与学生共同探讨特定案例，逐步引导学生自行归纳出法律原则。然而，"对抗式"案例教学法在此基础上进行了创新，它巧妙地利用了法律案件固有的对抗性，将"模拟法庭"纳入课堂教学。在这个过程中，学生被分配到案件的对立双方，如同真实法庭上的律师，就案件的具体问题展开激辩。这种教学模式的设计目的在于，通过激发学生之间的观点碰撞和争论，培养他们的独立思考能力，鼓励他们积极发挥主观能动性。在对抗过程中，学生不仅能主动发现案件中的问题，还能在教师的点评和指导下，对自己的理解和认识进行反思与修正。这不仅有助于深化学生对法律规定及应用的理解，还能有效提高他们分析问题和解

决问题的能力。通过"对抗式"案例教学法，学生能在实践中准确把握法律条文的含义，学会在复杂法律情境中灵活运用法律知识，为未来法律职业道路奠定坚实基础。此外，这种教学方法还有助于培养学生的团队合作精神及应对挑战的能力，是现代法学教育的重要探索和尝试。

第二，"对抗式"案例教学法的功能与影响。"对抗式"案例教学法通过具体的案例分析，既展示了法律条文的实际应用，又深入阐述了相关领域的法律规范和原理。这种教学方式使法学课堂教学更加直观、生动，有助于学生更好地理解和吸收法律知识。更重要的是，它将抽象的法学理论与具体的司法案例紧密结合，实现理论与实践的无缝对接。学生在学习过程中不仅能掌握必要的法律知识，还能深刻体会到法律在实际操作中的应用方式和效果。通过"对抗式"案例教学，学生能够逐步建立起专业的法律思维模式，掌握从多角度分析和解决法律问题的方法。这种训练不仅停留在对现有法律条文的记忆层面，更注重培养学生运用法律进行逻辑推理的能力。即使面对不熟悉的法律法规，学生也能凭借扎实的法律分析能力找到合理的解决方案。这种能力对于学生未来的职业生涯至关重要，因为它能帮助他们在法律领域内更好地应对各种新出现的挑战，同时在不断变化的法律环境中保持竞争力。

在"对抗式"案例教学中，学生被置于教学活动的核心位置，成为学习的主体，其积极性得到极大的激发。"对抗"机制成为推动学生主动学习的关键动力。"对抗式"案例教学法要求学生在课前必须进行深入的研究和充分的准备，以便在课堂上能够积极参与讨论，与其他同学展开有效的辩论。这一转变打破了传统教学中学生被动接受知识的模式，促使学生主动探索和学习。

通过模拟法庭的形式，这种教学方法不仅可以活跃课堂氛围，增加课堂的吸引力，还使学生能够在一种接近真实的工作环境中练习和提升自己的法律实践能力。学生需要自行研究案例，对其进行法律定性，并寻找支持自己观点的证据。在辩论过程中，他们要学会用坚定的语气、敏捷的思维来反驳对手的观点，坚定地维护自己的立场。这样的过程不仅帮助学生掌握法律知识，更能锻炼他们的问题分析能力、口头表达能力、逻辑思维能力和快速反应能力。

此外，通过模拟法庭的角色扮演，学生可以亲身体验法官、检察官和律师等不同法律职业的工作方式和思考模式。这种体验不仅有助于学生更深刻地理解法律职业的特点和要求，还能够帮助他们在未来的职业生涯中更好地适应和胜任这些角色。可以说，"对抗式"案例教学法不仅丰富了法学教育的形式和内容，也为学生提供了一个宝贵的实践平台，使他们在掌握理论知识的同时，能够提前熟悉和适应未来的法律工作环境，为成为一名优秀的法律工作者奠定坚实的基础。

第三，"对抗式"案例教学法的实施要求。在实施"对抗式"案例教学时，挑选既丰富又具有代表性的案例至关重要。这一教学方法的效果，在很大程度上取决于案例的质量。理想的案例既要具备典型性和法律分析价值，又要能引发多角度的思考与讨论，从而激发学生的兴趣和创造力。此外，案例应包含观点对立和辩论空间，如民事案例可围绕责任归属和程度展开讨论；刑事案件则可探讨被告是否有罪、罪行的严重程度等问题。这些对立观点有助于法律理论的实际应用，让学生在模拟对抗环境中深入理解法律知识。

为确保案例教学的有效性，需建立庞大的案例库作为支撑，包含真实案例及适当虚构情节，以增强教学的复杂性和挑战性。教师在挑选案例时，既要考虑法律价值，也要评估是否能激发学生积极性，鼓励他们主动参与讨论。通过这种方式，学生不仅能掌握具体的法律条文，还能培养解决实际问题的能力，提高法律思维的敏锐度。因此，精心挑选和设计的案例是实现高质量"对抗式"案例教学的关键所在。

在"对抗式"案例教学模式中，教师和学生都要进行详尽的课前准备，这是保证课堂互动高效、深入的基础。学生作为课堂活动的核心，需要深入分析案例，研读相关课程内容，广泛搜集资料，并准备好发言稿。这样的准备不仅能让他们在课堂上自信地表达观点，还能激发他们主动探索和理解法律知识的兴趣。

同时，教师的角色同样重要。他们不仅要提供案例，还要对每个案例进行深入剖析，明确法律问题，找出处理结论及其法律依据。教师还需预见学生在讨论中可能提出的见解和遇到的问题，提前思考应对策略，以确保教学活动顺利进行。

在教学过程中，教师的主导作用至关重要。他们要对学生的发言进行及时、精准的评价，尤其要对案件分析的准确性、法律理解和应用的恰当性进行点评。教师还需指出学生在法律推理中的不足和知识盲区，指导他们更有效地运用法律知识解决问题。同时，教师应向学生介绍案件的最终裁决及其背后的理由，帮助他们深化对法律问题的理解。在总结环节，教师要善于抓住核心要点，聚焦核心矛盾，做到鞭辟入里，画龙点睛。

当前，我国法学教育面临新挑战，传统的"填鸭式"教学方式已无法满足现代社会对实用型法律人才的需求。因此，引入"对抗式"案例教学法是必要的创新做法。这种教学法强调把课堂作为平台，将理论讲解与案例分析有机结合，旨在培养兼具扎实理论知识和实践能力的法律专业人才。在实施过程中，要充分考虑我国法律体系的特点和法学教育的历史背景，使教学方法更符合实际需求，更好地服务于国家法治建设。

第四章 高校法学教育实践教学模式探索

第一节 法学教育实践教学目标指引性设计

我国的法学教育体系的培养层次在全球范围内都是极为丰富的,涵盖从本科到博士多个学历层次。除了大专、中专、本科等不同级别的层次外,还有法学硕士和法律硕士两种不同的硕士学位类型,并延伸出成人继续教育。值得注意的是,各级党校也开展了形式多样的法学教育活动。此外,专门针对法官、检察官和公安人员的培训机构,形成独具特色的法律职业培训体系。面对如此多层次、多类型的立体培养格局,国家教育政策制定者正积极探索如何明确各个教育层次的目标定位。

有观点指出,我国法学教育的目标设定应该基于差异化的原则,实现分类与分层相结合。具体而言,法学本科教育应侧重培养具备广泛法律及相关领域知识,能够满足现代社会多元化需求的法律人才;法律硕士教育则应定位于法律职业的专业化培训;法学硕士教育应着力培养兼具理论深度与实践能力的学术型人才;而法学博士教育则主要集中在培养高水平的学术型法律人才。这一系列目标定位表明,随着教育层次的提升,对法律人才的职业技能和理论研究能力的要求也随之提高。这反映出,高素质法律人才的培养不仅需要以职业化为导向,还需要通过理论与实践的相互促进,形成良性的循环发展路径。

一、现代法律人才培养目标

当前我国法学教育界围绕人才培养目标长期存在争议,学者和教育工作者们提出精英培养、职业教育和通识教育等不同的理念。一方面,精英培养论主张培养具有深厚法学理论造诣和高水平研究能力的顶尖法律人才,以推动法律学科发展和法治建设。另一方面,职业教育论主张培养学生的实际操作能力和职业素养,使他们在毕业后能迅速适应法律行业需求,成为合格的法律从业者。此外,通识教育论的倡导者认为法学教育不应仅限于法律知识传授,还应拓宽学生的知识视野，培养其批判性思维和社会责任感，让学生成为全面发展的法律人才。这些不同观点既揭示了法学教育目标定位的多元性和复杂性，也推动教育界不断探索更符合时代需求的人才培养模式。

（一）精英培养目标

支持精英培养目标的人认为，法学教育的核心使命是为司法机关、律师事务所及其他法律实践领域培养具备高度专业化知识和技能的人才。这些人才需精通法律理论，同时具备卓越的道德品质和职业操守。具体来说，精英培养模式下的法学教育着重强调学生对法律本质与运行机制的深入理解，以及运用法律知识解决复杂社会问题的能力。此外，该模式高度重视学生的思想道德教育，旨在培养他们高尚的职业道德和社会责任感，确保他们在法律职业生涯中不仅能成为业务能力精湛的法律工作者，还能成为推动法治进步和社会正义的力量。这种培养目标既关注学生的专业能力，又重视他们的全面发展，力求培养出既精通法律又明事理、具有专业深度和广阔视野的高层次法律人才。

（二）通识教育目标

通识教育目标的支持者主张，法学高等教育的培养目标不应仅限于法律知识的传授，而应拓展至人文社科乃至自然科学等多领域的知识探索。这种教育观念强调，法学教育的核心在于全面提高学生的综合素质，而不仅仅是专业技能的培养。具体来讲，通过跨学科的学习，学生可以获得更广阔的视野，更好地理解法律在社会中的功能及其与其他学科的关联。此外，通识教育还着重培养学生的批判性思维、创新能力和沟通协调能力，使他们在面对复杂多变的社会问题时，能从多角度出发提出合理有效的解决方案。总之，以这一目标为导向的法学教育，旨在培养出既精通法律又具备广泛知识和全面能力的复合型人才，以满足现代社会对法律人才的多元化需求。

（三）职业教育目标

支持职业教育目标的人认为，高等法学教育的核心目标在于培养能直接服务于法律行业的实用型人才，这一目标主要集中在法律理论知识传授、实践能力培养以及解决实际法律问题技能的提升。当前，许多高校在课程设计上以精英教育为主，实践课程安排尤其贴近审判、检察、辩护等具体业务。但考虑到学生的就业前景，越来越多的高校开始注重职业教育，将其作为课程设置的重要方向。同时，为满足学生个性化发展的需求，高校还提供通识教育作为补充，通过公共选修课、辅修专业、自学考试等多元化途径，鼓励学生自主选择感兴趣的领域进行深入学习。

实际上，精英教育、职业教育与通识教育三者并非相互排斥，而是相互补充、相互促进的。它们共同构建完整的法学教育体系，旨在培养具备扎实法学基础和广泛知识面的复合型人才。在法学人才培养的过程中，法学教育界各方逐渐达成共识，即法学人才应通晓法学理论、具备较强实践能力和高尚职业道德。在拓展素质方面，包括但不限于掌握相关学科知识、拓展国际视野以及培养跨文化交流能力。这些共识不仅有助于提升法学教育质量，还为法学人才的未来职业发展奠定了坚实基础。

关于法律人才的核心素质，学界存在不同的观点。一种观点认为，法律职业的特性是由知识、能力和素质三者有机结合而成；另一种观点则强调，法学本科教育应肩负三项主要任务：一是提升法学素养，使学生深入理解法律原理和规则；二是加强职业素养，使学生具备运用法律知识解决实际问题的能力；三是提升综合素养，涵盖人文社科、自然科学等多领域的基本知识和技能。尽管两种观点存在差异，但各方普遍认同实践能力在法学教育中的重要性。

基于这一共识，法学实践教学的目标应与法学人才培养的整体目标相一致，遵循知识、能力、素质三位一体或法学素养、综合素养、职业素养相互补充的框架，构建一套科学合理的实践教学目标和系统模式。实践教学不仅需要帮助学生巩固和深化法学理论知识，还要通过模拟法庭、案例分析、实习实训等方式，锻炼学生的法律实务操作能力，同时促进他们在道德修养、团队协作、创新思维等方面的全面发展。通过这样全面而系统的实践教学，确保学生在毕业时不仅拥有坚实的法学基础，还具备较强的实际工作能力和良好的个人品质，真正成为适应社会需求的高素质法律人才。

二、法律与政策人才培养目标

在我国的法学教育中，许多学生虽已掌握基本的法律知识，但缺乏实际应用能力和全面的职业技能。因此，培养具备实践能力的法律人才成为当前教育改革的核心目标。这一变革方向的确立，是因为理论知识学习已得到广泛关注，无须额外强调。相反，复合型人才培养尽管被视为提升法律人才质量的关键，却尚未被纳入政策强制性要求和评估体系，各高校可根据自身条件和学生特点自主决定是否开设相关课程。

政府和教育主管部门对应用型法律人才培养给予高度重视，并出台一系列政策措施。这是因为，加强实践教学被视为提高法学专业学生实践能力的有效手段。提高实践课程的比重，如案例分析、模拟法庭、法律诊所等，有助于学生将理论知识转化为实际操作技能，提升解决法律问题的能力。此外，实践教学还有助于学生了解法律职业的真实环境，增强职业认同感，为未来职业生涯奠定坚实基础。因此，强化实践教学不仅是弥补当前法学教育短板的必要措施，也是适应社会对法律人才需求变化的重要策略。

（一）应用型法律人才培养计划中的卓越法律人才要求

为了更好地满足多样化的法律职业需求，法学教育应坚持"厚基础、宽口径"的原则，注重学生法律职业伦理的培养，同时强化其法律实务技能。具体而言，法学教育不仅要确保学生掌握扎实的法学基础知识，还应拓宽他们的知识视野，鼓励跨学科的学习，使他们能够运用法学及其他学科的知识和方法解决复杂的法律问题。此外，加强实践教学，如模拟法庭、法律咨询、案例分析等，可以有效提升学生的实际操作能力和职业素养。法学教育的最终目标是促进法学教育与法律职业的深度融合，确保学生不仅具备扎实的理论功底，还能快速适应职场要求，成为既懂法又善用法的高素质法律人才。这样，不仅能够提高学生的就业竞争力，也能更好地服务于社会的法治建设与发展。

面对世界多极化和经济全球化的加速推进，以及我国对外开放战略的需求，高校应将培育国际化法律人才作为推动应用型、复合型法律职业人才培养的重要突破口。具体而言，高校需培养一批兼具国际视野和熟练掌握国际规则的法律人才，他们能够参与国际法律事务，并能有力维护我国国家利益。在教育过程中，高校要强化学生的法学基础理论教育，增设国际法、比较法等相关课程，并通过国际合作项目、海外实习等途径，为学生提供更多的国际交流机会。同时，高校还需重视提升学生的外语水平和跨文化沟通能力，确保他们在国际舞台上能够自如地表达观点、协商解决问题。这种培养模式不仅能满足我国在国际交往中对法律人才的需求，也能为学生拓展更广阔的职业发展空间，增强他们在全球法律市场的竞争力。

为了满足我国西部地区跨越式发展和长治久安的需求，高校应结合政法人才培养体制的改革，将重点聚焦于培养西部基层法律人才。目标是向西部地区的基层政法机关输送一批兼具奉献精神和实践能力的法律人才，确保他们能够"下得去、用得上、留得住"。这一目标要求高校在教育过程中，不仅要加强对学生的法律专业知识的培养，更要培养他们的社会责任感和服务意识，使他们愿意扎根基层，为当地的社会稳定和经济发展贡献力量。

为了实现这一目标，高校将设置贴近基层实际的课程内容和实践活动，以提升学生的实际操作能力和解决复杂问题的能力。此外，高校还将建立完善的就业指导和支持体系，帮助毕业生更好地融入基层工作环境，解决他们在生活和工作中可能遇到的具体困难，确保他们能在西部地区长期稳定地发挥作用。

通过这种培养模式，高校不仅能满足西部地区对法律人才的迫切需求，也有助于推动区域间的均衡发展和社会和谐。

（二）本科教育教学质量提升与改革工程的核心关注点

实践教学与人才培养模式的创新改革，致力于提升教育教学质量。具体措施包括：打造约500个实验教学示范中心，推动高校在内容、方法、技术手段、师资队伍及管理等方面的改革与创新。同时，启动基于企业的大学生实践基地建设项目，为学生提供多元化的校外实践机会，拓展社会实践活动渠道。

此外，大学生创新实验计划将资助约15000名优秀学生开展创新实验，激发学生的创新兴趣，提升其自主创新能力。在此计划下，学生在导师的指导下，从选题、实验设计、数据分析到成果展示，进行全过程的实践学习。

为进一步深化人才培养模式改革，计划设立约500个创新实验区，鼓励高校在教学内容、课程体系、实践环节等方面进行全面探索。这些实验区将以启发式教学和研究性学习为核心，创新教学理念、培养模式及管理机制。这些举措旨在提升学生综合素质和实践能力，实现高校教育与社会需求的紧密融合，培养更多适应时代发展的创新型人才。

三、法学实践教学的科学目标

关于法律人才的培养目标，学界和业界展开了深入的讨论。一方面，有人认为法学作为一门高度依赖逻辑推理的学科，本科教育应侧重于学术研究，培养学生的理论分析能力。另一方面，有人主张"法律源于经验而非纯逻辑"，认为法学本科教育应重视实际操作和应用，强调实践经验的重要性。近年来，我国对法学教育改革的扶持力度加大，应用型和复合型法律人才的培养逐渐成为主流。

实际上，这两种观点并非相互排斥，而是相辅相成的。学术研究和实践应用对于法学专业学生来说，如同硬币的两面，缺一不可。因此，在法学本科教育中，既需通过专业理论教学奠定学生的知识基础，也需通过实践教学提升他们的操作能力。在理想情况下，实践教学不仅能辅助理论学习，加深学生对法律条文和原理的理解，还能有效锻炼应用能力，助力学生适应未来职业需求。

然而，在实际操作过程中，尽管法学实践教学的方向已较为明确，但在具体实施环节，实践教学目标的设定仍存在一定模糊性。为确保教学活动的有效开展，无论是理论课程还是实践环节，都应基于明确的教学目标进行设计。例如，在理论课程中，针对每一章节的知识点，都应设定具体的掌握标准，包括记忆、理解和应用等多个层次。在实践教学部分，则需进一步细化，既要考虑通过实践活动增强学生对理论知识的感知和认知，也要注重培养学生的动手能力和解决实际问题的能力。

在法学教育实践中，明确各个课程环节的目标至关重要。例如，庭审观摩旨在深化学生对法律程序和实体法理论的理解，而模拟法庭和法律诊所等活动则着重提升学生的实际操作能力。这种目标划分并非绝对,而是相对的,旨在根据不同教学形式的特点,灵活调整主次,以实现教学效果的最大化。

案例教学法在这方面的应用尤为明显。在理论课上,教师应重点帮助学生理解和深化理论知识;而在专门的案例分析课程中,则应更多地培养学生解决问题的能力。然而,目前的实践教学中存在一些问题,如实践环节缺乏系统性,专门设置的实践课程目的性不强,甚至有些课程仍沿用"教师中心"的传统模式,仅提高学生的理论认识,未能有效锻炼其实践技能。因此,细化实践教学目标,实现实践教学的科学管理,是推动其向目标化、系统化、规范化发展的关键。

为实现这一目标,高校需要从整体和局部两个层面入手。从宏观角度看,法律人才培养目标应涵盖人文素养和职业素养,包括知识、能力和素质三大方面。这意味着,在法律人才培养过程中,理论与实践相结合至关重要。理论教学以传授知识为主,实践教学则更注重提升能力,两者相辅相成,共同促进学生综合素质的提升。在微观层面,每个教学活动和理论课堂都应有明确的目标,以确保教学活动有序开展,避免无谓的努力。

总之,在培养法律人才的整体框架下,实践教学不应仅作为理论教学的补充,而应以提高理论研究水平和增强学生的应用能力和综合能力为目标。具体而言,高校应根据不同的教学形式和特点,明确每次教学活动的目的,合理安排认知型和能力型的实践教学活动,结合学生的兴趣和个人能力,进行分层次、分阶段的培养,使教学活动更具针对性和综合性,最终服务于全面提升法律人才素质的长远目标。

第二节 法学教育实践教学模式系统化建设

法律人才培养模式是一个综合体系,它在现代教育理念的指导下,根据明确的培养目标,通过稳定且系统化的教学内容、课程体系、管理制度及评估机制实施。在这个体系中,法学实践教学是其重要组成部分,它需要在整体的法律人才培养模式框架下,构建具有自身特色的法学实践教学模式。

明确的培养目标是设计任何人才培养模式的基础。对于法律人才的培养,高校应将应用型、复合型法律人才作为法学实践教学的核心目标,并将培养目标与具体培养方式紧密结合。高校在借鉴历史成功经验和国际先进做法的同时,还需在宏观层面上建立一套完整的法学实践教学体系。

构建系统化的法学实践教学模式,关键在于以下几个环节:一是制定教学计划,确保实践教学活动有明确的方向和目标;二是优化教学管理,保障实践教学活动高效有序地进行;三是完善教学配套措施,提供必要的资源和支持,确保实践教学活动顺利实施。此外，还需探索多元化的教学形式，作为实践教学内容的具体实现方式，以满足不同学生的学习需求和发展方向。

一、嵌入式与集中式相结合的实践教学模式探索

"3+1"实践教学模式在国际上备受好评，尤其在美、英、德、法等国的法律教育体系中。美国的法学教育走精英路线，学生需在获得非法律专业学士学位后，方可攻读法学，这意味着他们在正式接触法律前，综合素质已得到良好培养，其法律教育的主要目标是培养专业律师。英国规定，学生需完成三年大学学习，然后在律师学院接受一年培训，并经过两年实习，方可获得执业资格。德国法律教育包括四年大学学习和约两年的职业预备期，其间需通过两次国家考试，方能成为法律从业者。法国的法律人才培养分为四年大学学习和两年法官学院培训两个阶段。这些模式均强调分阶段培养学生的知识、素质和能力，其优点在于在扎实的理论基础上强化实践技能，但缺点是耗时较长，对时间和精力的要求较高。

在我国法律人才培养体系中，仅法律硕士培养模式与国际模式相近，其他层次教育则与之有较大差异。尤其是法学本科教育，四年学习周期内需兼顾知识传授、素质培养和能力训练，时间紧张，难以满足分阶段培养要求。因此，当前我国尚未找到比"3+1"模式更科学有效的教学方法，应着力优化和改进该模式。不过分强调"1"年实践的重要性，而应更多关注"3"年基础教育阶段，构建嵌入式实践教学体系，使"3"年专业学习为学生奠定扎实的理论与实践基础，再利用"1"年集中实践，提升学生的实际操作能力和理论水平。如此既能解决学生学习时间紧张的问题，又能确保学生在理论与实践两方面实现均衡发展。

（一）提高"3"基数中的嵌入式实践教学占比：探索新型教学模式

构建嵌入式实践教学体系的核心在于前三年的基础学习阶段。在这三年的时间里，高校应不断加强实践教学环节，通过专业认知、实践教学和应用技能的训练，为第四年的综合应用和理论研究打下坚实基础。

在第一学年，学生刚开始接触公共理论必修课时，理论基础较为薄弱。此时，高校可以通过组织第二课堂活动，如旁听法院庭审、参与社区矫正服务、深入基层进行法治宣传教育等，来增强学生的专业认同感和使命感，初步建立起法律职业伦理观。这些实践活动可以以课外社团活动的形式开展，融入校园文化，促进学生对法学专业的认知，也可以结合课堂教学，采用观摩式教学方法，让学生在实际情境中学习和体验。

通过这种方式，学生能够在早期就建立起对法学的浓厚兴趣，同时提升其实践能力和职业素养，为后续的专业学习和职业发展奠定坚实基础。这种"1+3"模式下的嵌入式实践教学，强调理论与实践的紧密结合，有助于学生实现全面发

展,更好地应对未来的职业挑战。

进入第二学年,学生将接触到更多的专业核心课程。除了继续深化对新开设专业课程的基本认知之外,还应引入专业课理论的应用教学方法。例如,鼓励学生自主实习,以亲身体验加深对专业知识的理解。同时,通过课堂案例分析、仿真模拟实验、模拟法庭、法律诊所以及课外法律援助等多种形式,进一步提升学生对所学知识的认知水平和实际应用能力。这种多元化的教学方式不仅能够增强学生的学习兴趣,还能有效促进理论与实践的结合,为学生后续的专业发展打下坚实的基础。

在第四学年,由于国家司法考试的压力,学生的大部分时间都用于备考,这无疑对法学实践教学的深入展开造成了限制。尽管这种做法显得有些功利,但教师还是必须考虑学生的就业前景。法学本科教育不仅承担着传授知识、培养人格的任务,还承担着职业教育的重任。因此,实践教学体系的设计只能与课程同步,采取嵌入式实践教学模式。

值得关注的是,司法考试所采用的小案例分析方式实际上是对本科阶段理论学习和实践技能的一次系统性检验。因此,高校可以将司法考试备考视为一种特殊的实践教学平台,为学生在最后一年综合运用法律知识和进行理论研究做好准备。

嵌入式实践教学的另一个重要目标是培养法学专业学生的跨学科能力。通过这种实践教学形式,高校应引入与法学相关的其他学科知识,帮助学生建立起对相关领域的基本认识。结合专业理论教学,不仅能提升学生的知识水平和实践能力,还能为他们成为高素质法律人才奠定基础。

从某些教师设定的目标来看,嵌入式实践教学与专业理论教学可以共同实现法学专业学生在法学素养和综合素质上的提升。接下来的关键任务是进一步提高学生的法律职业技能,使他们能够顺利过渡到职业领域,成为一名优秀的法律工作者。

(二)重构集中式实践教学任务:以"1"为例

高校需要重新定义"1"的内涵,它不仅是学生在校的最后一年,更重要的是一个集中锻炼和培养学生的过程。这个过程的目标是全面提升学生的认知和实践能力,实现从初步认识到深入理解的质变。在传统的"3+1"模式中,"1"代表学生在最后一年通过法律实践形成初步认知,但往往难以全面实现对法律知识的综合运用和对理论的理解。

在新的"嵌入式法学实践教学+集中式法学实践教学"模式下,高校需要重新定位集中式实践教学的任务。在嵌入式阶段,学生已掌握法学基本理论,形成对相关专业领域的初步认知,对法学实践有基本理解并且初步应用专业知识,达到法学人才所需的知识基础和能力要求。在此基础上，不同阶段的集中式实践教学可以分阶段提升学生的实践认知能力、实际操作能力和综合实践能力，最终实现学生实践能力的全面提升，推动他们进入新的发展阶段，成为高素质的法律人才。

因此，高校应将最后一年的实践教学视为法律职业教育的关键环节，根据学生的就业意向选择合适的实践基地进行毕业实习，专注于培养学生综合运用法律的能力。同时，高校应围绕这一目标，精心设计毕业论文的写作和指导环节，鼓励学生在实践中发现问题，并运用理论知识解决问题，从而实现法学实践教学与理论教学的双重目标。通过这种方式，培养出兼具应用能力和研究能力的高素质法律人才，最终实现法律实践教育的培养目标。

二、嵌入式与集中式相结合的实践教学模式体系化构建

要想成功实施这样一个庞大且复杂的系统工程，必须具备三个关键因素：一是需要一个精心规划的教学计划作为指导；二是需要有效的教学管理以确保教学质量；三是需要拥有一支经验丰富、能力出众的师资团队。这三个要素缺一不可，共同为体系的顺利运行奠定坚实基础。

（一）优化教学计划设置的科学性

该体系的构建是按照学年逐步达成目标的方式进行的。因此，教学计划中的课程设置必须具备科学性和合理性，确保理论课程与实践课程之间的无缝衔接，进而构建出一个连贯且完整的法律人才培养框架。这样一来，既能确保学生的能力培养具有系统性和有序性，又能逐步实现各个阶段的教育目标。

在设计课程时，高校需要注意协调好以下几个方面。

第一，理论课程的内部协调。例如，应在学生掌握民法学基础知识之后，开设民事诉讼法课程，确保他们能够顺利地衔接和理解相关知识。

第二，理论课程与实践课程的相互配合。例如，民事疑难案例分析课程的开设应以学生对民法各学科的深入学习为基础，以确保理论与实践能够有机结合、相辅相成。

第三，学生能力与课程内容的匹配。课程设计应考虑到学生的接受能力和知识储备，避免设置过高的难度导致学生学习困难，确保教学内容与学生的学习进度相适应。

第四，教学计划的全面规划。各院校应根据自身实际情况，合理安排教学计划，确保每个学年的理论和实践要求得到充分体现，构建一个既有连续性又有完整性的培养体系。

总的来说，教学计划和课程设置应遵循连续性、完整性和协调性的原则，以

最大限度地发挥嵌入式实践教学的效果，推动学生全面成长。

在实践课程的设置上，创新性至关重要。目前，实践教学多集中在实体法案例教学或实体与程序法相结合的双师教学上，这些课程确实有助于学生深化对理论知识的理解，并能在一定程度上提升法律应用技能。然而，为了使案例教学更加符合学校特色和学生需求，每位授课教师都应根据具体情况对课程内容进行适当的调整和创新，确保课程能够与时俱进，满足不断变化的社会需求。

除了传统的案例教学外，构建全面的法律人才能力结构还需要引入更多创新型的实践课程。例如，可以开发模拟仿真实验课程，帮助学生在虚拟环境中练习法律操作；可以开设辩论课程，培养学生的竞争性陈述能力；可以开设司法文书课程，让学生掌握实际操作中的文书写作技巧；还可以引入WTO法律的双语教学课程，拓宽学生的国际视野。这些课程的增设，不仅能够丰富教学内容，还能全面提升学生的综合能力。

此外，实践教学计划的时间安排也非常重要。实践锻炼或实训环节不应影响理论教学的质量，而应巧妙地安排在课余时间或假期进行，确保学生在不影响理论学习的前提下，也能获得充分的实践机会。通过合理的时间规划，可以使理论教学与实践教学相得益彰，真正实现学生能力的全面提升。

（二）规范化实践教学管理

无论是嵌入式还是集中式的实践教学，规范化的管理制度都是其顺利进行的关键保障。全面的实践教学监管能够及时总结经验，通过外部压力推动师生重视实践教学，同时通过科学的激励机制激发他们的参与热情，从而更好地实现教学目标。

在教学管理方面，应秉持精细化培养理念，构建以指导为核心的教学模式。长期以来，法学教学以讲授为主，这在理论教学中是必要的。然而，当实践教学目标融入理论教学时，教学制度就需要转向以指导为主的教学模式。这意味着教师在课堂上应更多采用启发式、讨论式、参与式、判例式、诊所式和模拟式等教学方法，强调教师的指导作用。他们不仅要引导学生发现问题、分析问题、解决问题，还要在技术层面为学生提供有效的解决方案。在这种模式下，教师角色转变为引导者和支持者，更能有效推动学生主动学习和发展。

通过这样的制度设计，既能确保实践教学的规范性和有效性，也能激发学生的主动性和创造性，使他们在实践中真正掌握和应用所学知识，进而培养出更符合社会需求的高素质法律人才。

（三）社会化教师队伍的建设与优化

要成功推行"嵌入式＋集中式"的应用型人才培养模式，关键在于打造一支具备强大实践能力的师资队伍。一是应强化政策支持和资金投入，确保有充足的教师资源投入实践教学，同时激励他们更深入地进行相关研究。二是需融合不同学科背景的师资力量，推动跨学科合作，从而提升教师解决实际问题的能力。最后，应充分利用实务专家与学术学者的双重优势，使学生在教师的指导下既能汲取丰富的理论知识，又能掌握实用的技能。

高校正致力于提升教师队伍的实践与理论素养，并积极吸引具有实务经验的优秀人才加入，旨在培养出既掌握理论又擅长实践的复合型教育者。虽然这一策略可能不会立即让每位教师同时具备专家和学者的双重身份，但作为过渡期的关键措施，其重要性不容忽视。在这一过程中，以下两点尤其值得注意：一是在选拔具有实务背景的教师时，必须注重其理论基础，优先选拔那些学历高且实践经验丰富的候选人。这样的人才不仅能够熟练地进行实践操作，还能深入理解并有效传授理论知识，避免培养出仅重视工具性的"无灵魂"教师，这对于学生的全面成长至关重要。二是建立一个开放而灵活的教师管理体系，鼓励教师进行跨学科、跨专业的交流与合作，特别是促进实务型与理论型教师之间的互动学习。同时，为教师提供参与社会实践的机会，以增强其实际操作能力，从而更好地指导学生。通过这些方法，高校不仅能保持理论教学的深度，还能强化教师的实务技能，为学生提供更加全面和丰富的教育体验。

三、战略实践实验平台

如果理论教学侧重于知识的传授与理解，那么法学实践教学则强调设计、指导、练习和提升的过程。为此构建的实验教学平台，旨在通过交流、模拟、仿真和实际操作等互动形式，全面提升学生的法律技能。这个平台包含网络虚拟环境、真实场景模拟、综合仿真实验以及校外实践基地，能够根据不同阶段学生的能力发展需求，提供相应的学习条件和支持。它不仅帮助学生逐步掌握寻找法律依据、证据分析、辩论技巧、法律文书撰写及谈判策略等关键能力，还特别设计了循序渐进的学习路径，让学生在观察、模仿、练习和实践中不断进步。

这样的实验教学平台紧密配合"嵌入式＋集中式"的实践教学模式，确保在明确的目标指引下，为学生提供一个系统且科学的训练环境，有效支持法律人才的培养。

网络虚拟平台、真实模拟平台及仿真综合实验平台的建设，主要围绕实验课程和配套实验室展开。这包括设置与职业能力培养紧密相关的课程，如模拟法庭、仲裁庭、谈判、法庭辩论和法庭科学等，并在学校内部创建"模拟仿真实习场景"，配备模拟法院、检察院、律师事务所和仲裁委员会等设施，确保所有必要的实验室和设备一应俱全。

这些实验平台不仅支持理论知识的传授与理解，还能独立实现实践教学中的虚拟、模拟和仿真要求，是"嵌入式"实践教学不可或缺的一部分。而"集中式"实践教学的最终提升，则通过校外实践基地完成，让学生在真实环境中进行最终的实践锻炼。这样的安排确保学生既能扎实地掌握理论知识，又能通过丰富的实践机会，全面提升法律职业技能。

（一）在线虚拟实验学习平台

在线虚拟实验学习平台，依托现代信息技术的力量，旨在为学生打造一个无时空限制的法律实务操作环境。借助 Blackboard 等网络教学平台，学生可以随时随地开展协作性和自主性的学习和模拟，这有效地解决了传统模拟教学中因时间、场地限制而导致的参与度低的问题。

这些平台让教师能够构建一个以学生为中心的学习环境，支持学生随时访问课程内容、获取学习资源、评估学习效果以及促进互动协作。其功能包括课程管理、内容创建、在线资料补充、教学工具（如术语表、电子笔记）、讨论区、小组合作项目（包括文件共享、专属讨论区、虚拟教室及组内邮件）等，从而助力学校实现教学、交流和评价的全方位目标。网络虚拟教学平台不仅降低了学生间的交流障碍，还大幅提升了实践教学的成效，同时也为理论教学提供了有力支持，成为教学中不可或缺的核心平台。在这种灵活、互动性强的学习环境中，学生得以全面提升自己的法律实务操作能力。

（二）职业模拟能力训练平台

职业模拟能力训练平台的核心在于打造一个逼真的角色模拟环境，让学生在校内即可体验和学习不同法律职业所需的能力与技巧。这些平台针对不同法律职业的特点，为学生提供了高度仿真的训练场景，包括模拟法庭审判、仲裁、谈判、辩论以及侦查实验等课程，并配备相应的设施，如谈判室、法庭、仲裁庭、模拟犯罪现场及法医学实验室等。

中国人民大学法学实验实践教学中心在这一领域具有代表性。该中心不仅针对司法活动中的公安、检察、审判、仲裁和律师实务设置模拟专业技能训练和职业意识培养课程，其训练和课程还覆盖行政机关法务、企业法律顾问等与法律相关的职业领域。通过运营物证技术鉴定中心、律师事务所、法律援助中心和法律诊所等机构，中国人民大学为学生提供了诉讼文书写作、谈判与调解、证据调查、法庭辩护和法律咨询等实务技巧的实操机会。同时，证据技术实验室的建设为学生学习物证技术学、法医学等专业知识提供了实践场所，有利于全面培养学生的法律执业能力。借助中国人民大学的综合性大学优势，该中心还致力于提升学生的跨学科综合素质。它整合校内资源，与其他院系合作建立司法影像技术、计算机取证、司法统计及司法现象调研分析等多个跨学科实验室，开设知识产权双学士学位课程，并计划推出信息与法学双学士项目。这样的多元化综合平台，不仅关注学生当前的学习需求，而且着眼于未来的职业发展，有利于实现学生全面、协调、可持续发展的培养目标。

这一职业模拟能力训练平台，不仅缓解了实践资源不足的问题，还能在模拟环境中有效提升法学专业学生的综合实践能力，助力他们更好地适应未来的法律职业生涯。

（三）法律实务综合仿真实习平台

法律实务工作涵盖多个领域，包括但不限于审判、检察、律师服务和仲裁等工作，这些领域的特性各异，它们之间在程序衔接和业务协作上也有各自的特点。鉴于此，单靠某一种实验教学平台难以全面反映法律实务工作的全貌。为此，高校构建一个综合性的法律实务仿真训练平台显得尤为重要，它能够有效地应对这一挑战。例如，广东商学院推行的全校范围内的"校内仿真实训"项目，通过模拟真实的企业运营环境，生动再现社会中法律实务部门的实际工作状况，从而全面锻炼学生的综合能力和职业素养。这种教学模式不仅丰富了学生的实践经验，还提高了他们适应未来职业环境的能力。

（四）校外实践教育基地和教学平台

在全面的实践教学模式中，实践环节的重要性不言而喻，主要通过诊所式教学和实习两大途径来实现。关于诊所式教学，其精髓在于创设多元化的"法律诊所"，让学生有机会亲身参与实践，这部分将在后续讨论实践教学形式时详细阐述。此处，笔者重点探讨实践教学基地。实践教学基地的主要职责是为学生提供实习场所。这些基地通过模拟真实的实践环境，助力学生将理论知识与实践操作相结合，从而切实提高他们的职业素养和实践能力。

实践教学基地的建设对于提升学生的实际操作能力和综合素质具有至关重要的作用，同时也是推动高校深化对实践教学理解和认知的关键途径。通过基地教学，学生的实际操作能力和专业水平得以有效提升，同时教学科研水平也得到提高，助力高校品牌建设和扩大社会影响力。实践教学基地的建设是高等教育改革的核心部分，对提升人才培养质量具有不可替代的作用，具体表现如下。

首先，加强实践教学基地的建设，首要目标是提升高校师生对实践教学价值的认识。通过提供必要的实践场所，让师生有更多机会接触社会现实，亲身体验和解决实际问题，从而深刻理解实践的重要性。实践是检验真理的唯一标准，在真实的环境中学习和探索，师生能真正体会到实践教学的魅力，进一步加深对实践教学必要性和重要性的理解。

加强实践教学基地建设，对高校教师而言，能深入把握经济社会发展的人才需求及未来走向，从而推动教学内容和方法更加符合社会实际需求。对学生而言，实践过程中亲身参与和体验实际工作，不仅有助于解决重理论轻实践、理论与实践脱节的问题，还能显著提高实践操作和解决实际问题的能力。这样的优化，使语句更加通顺连贯，表达更清晰。

实践教学基地的建设对于提高教学水平和人才培养质量具有至关重要的作用。教师在基地积累的第一手经验，能使他们更精确地了解社会需求和学生能力的发展现状，进而推动教学内容与方法的改革，实质性地提升教学品质。这也有助于打破传统教学模式，持续深化教学改革。在实践教学中，教师将学生的理论学习、技术技能培养与职业素质提升有机结合，全方位提升学生的综合素质。同时，教与学的深度融合能极大地激发教师的教学热情和学生的主动学习意愿，共同营造积极向上的教学氛围。

其次，实践教学基地的建设和充分利用，对于提升学生就业率具有显著作用。通过加强高校与企业的联系与合作，企业可以更直观地了解学校的教学质量以及毕业生的专业素养，从而减少招聘难题，同时也帮助毕业生在求职过程中解决信息不对称的问题，实现双方的精准匹配。在此基础上，企业和高校可以根据各自的需求和实际情况，共同制定课程，实施有针对性的学生培养计划。学生通过参与校外企业的实习，可以更深入地了解企业的文化和工作环境。企业则可以通过学生在实习期间的表现，评估其实践能力和综合素质。这种双向互动不仅有助于缩短学生从校园到职场的适应期，更能实现实习与就业的无缝衔接，达到双方共赢的效果。

最后，实践教学基地的建设对于培养高素质师资队伍具有重要意义。通过整合企业的先进设备、技术优势与高校人才资源，实践教学基地和高校共同开展新项目的研究与开发。特别是法学这一经验导向的社会科学，在大陆法系和英美法系国家，均公认经验在教学、科研及学习过程中的重要性。实践教学基地为学生提供了从无经验到积累实际经验的舞台，同时为教师参与科研、运用理论解决实际问题提供宝贵机会。这一平台真实可靠且资源丰富，成为高校与社会、理论与实践相结合的关键纽带。教师利用假期等时间参与基地实际工作，既能提升自身学术和实践能力，又能为课堂教学带来生动案例。从长远看，实践教学基地不仅能有效解决学生的实习难题，更有助于高校打造一支既精通理论又具备实战经验的优秀"双师型"教师队伍。

为了巩固和发展现有的实践基地，高校可以采取一系列措施，旨在深化与实习基地的合作关系，将这些基地从简单的实习场所转变为支持系统化实践教学的重要平台。武汉大学在这方面树立了一个成功的典范，该校不仅重视增加实习基地的数量,更注重提升基地的质量,深化与基地的合作层次,成功地将实习基地的功能从单纯的毕业实习拓展到全方位的深度合作。这一模式值得其他法学专业的高校借鉴,以实现现有实习基地的"全覆盖、全方位、全过程、全年度"发展为目标。

首先,确保每位应届毕业生都能参与集中统一的教学实习,实现"全覆盖"。尽管法学毕业生人数逐年增加,为每位学生安排实习这件事具有挑战性,但通过充分利用本地资源、教师资源、校友网络甚至现有学生的资源,高校可以有效增加实践基地的数量,确保每一位应届毕业生都能获得宝贵的实习机会。

其次,实现法学实践教学基地类型的"全方位"覆盖。这不仅包括各级人民法院、检察院、司法局和监狱等传统机构,还应涵盖仲裁机构、律师事务所、银行法务部门等。为了应对传统法律职业部门的实习机会有限的问题,高校还需积极探索新的实习领域,如法律服务代理机构、房地产交易机构、破产清算公司等,力求覆盖所有与法学专业相关、能够提供法律服务的领域,以此丰富学生的实习选择。

再次,实施全过程的教学实习质量管理。这是确保实践教学基地充分发挥作用的关键。通过建立健全的管理制度,确保基地资源的有效利用和严格监管,可以避免资源的浪费,同时对教师的指导工作形成有效的激励与监督机制。对学生而言,一次富有成效的实习经历不仅能增强他们对实践教学的兴趣,还能鼓励他们在实习过程中更加积极主动地学习和探索。

最后,实现与实习基地的全年合作。除了为毕业生安排专业实习,高校还可在暑假期间组织学生参与社会实践活动,如法院旁听、庭审观摩、监狱参观等,这些活动可全年安排。这种模式源于对现有实习基地的改良,有利于形成更为紧密的合作关系,使高校能轻松掌握宝贵资源,也为基地建设奠定良好基础。然而,这并非实践教学基地建设的终点。通过这种改良建设,高校可以积累宝贵的实践经验,解决毕业生实习和实践教学的基本问题,但这只是系统化建设过程中的一个重要起点。在新的背景下,实践基地的开拓方向也需与时俱进。高校应根据自身实际情况和发展潜力,为实践基地建设增添更多功能并制定更高标准,构建多层次的实践基地体系。不仅要满足培养实务型应用人才的基本需求,还应向培养具有国际视野和多学科背景的高端人才目标迈进。同时,引导学生树立正确的职业观念,从追求个人利益转向承担社会责任,激发法学专业学生投身西部、扎根基层的使命感和服务精神。这不仅为尚未实现实习基地普及的高校提供了明确的指导方向,也为已具备一定基础的高校指明了进一步提升的方向。

方向一是西部地区基层法学实践基地的建设与发展。2011年,教育部为提升法律人才培养质量,推出"卓越法律人才教育培养计划",涵盖四类人才,即应用型法律职业人才、复合型法律职业人才、涉外法律人才，以及西部基层法律人才。积极响应这一计划，西南民族大学秉持"为民族地区和少数民族服务、为国家战略发展服务"的办学理念，将"突出区域特色和院校优势"作为学科建设的核心策略。该校明确表示，将以西部地区为根基，面向民族地区和少数民族，紧密贴合西部快速发展需求和法律智力支持短缺的实际，关注基层声音，改革教学模式。结合政法人才培养体制改革，西南民族大学将致力于为西部基层政法机关培养一批富有奉献精神、实践能力强，能"下得去、用得上、留得住"的法律人才，以满足西部地区跨越式发展和维护长期稳定的需求。

仅仅依靠教师倾听基层的声音是远远不够的。虽然这能帮助他们更好地调整教学方法、引导学生，以及根据西部基层的实际需求培养人才，但最关键的是，学生得自愿到基层去，这样才能通过他们的实际行动体现出教育的价值。因此，学生的倾听同样至关重要，它能推动未来的法律工作者主动选择基层工作。在西部基层乃至少数民族地区建立实践教学基地，不仅是为了提升学生的实践能力、拓宽实践基地的来源，更重要的是给学生提供倾听基层声音的机会。通过这样的实践基地，学生能更直观地了解基层工作的价值和环境，增强他们对基层工作的使命感。通过感受基层群众的真实需求和质朴情感，学生可以加深对职业价值的认同，使"被需要"的情感成为影响他们职业生涯选择的重要因素。

方向二是建设商业型法学实践教学基地，意在培养法律职业者不仅限于诉讼业务，更应具备服务经济建设大局的能力。

在法治社会中，法律应当是指导人们行为的准则，特别是商业活动中的行为。然而，当前高校的法学教育往往侧重于培养法官、检察官、律师等裁判者或辩护者，而忽视对学生在日常商业活动中运用法律能力的培养，导致许多法学毕业生误以为自己的职业道路仅限于公检法司和律师事务所。实际上，学习法律不仅为从事法律职业提供了可能，也可以将法律知识作为其他职业的基础，这也是一种明智的选择。目前，培养学生在商业领域运用法律的能力尚未受到应有的重视，这需要通过建立商业型法学实践教学基地来加以改善，以拓宽学生的就业视野，提升他们在商业领域的法律应用能力。

随着商业活动的日益发展，具备综合能力的法律人才需求不断上升。为了培养学生的商业意识和法律意识，将实践教学基地设在与法律服务紧密相关的商业主体中显得尤为重要。然而，在商业主体中建立法学实践基地存在一定的挑战，因为大部分商业主体的主要业务是商业活动，法律服务仅为其中的一小部分，短期内难以显著提高学生的实务操作能力，也无法充分展现法律工作者的价值。因此，选择合适的商业主体作为法学实践基地至关重要。以下是一些适宜作为法学实践基地的商业主体类型：①企业劳动争议仲裁委员会：学生可参与处理企事业单位的法律顾问事务，如解答法律咨询、参与业务谈判、合同起草与审核、劳动争议调解与处理、法律知识培训等，以增强解决实际问题的能力。②破产清算公司：在破产清算公司，学生可协助清算组开展一系列法律工作，如资产清理、编制资产负债表和财产清单、通知或公告债权人、召开债权人会议、处理未结业务、清缴税款、清理债权债务、处理剩余财产、办理工商税务注销登记、代表公司参与民事诉讼等，全面了解企业破产清算的法律程序。③专利代理机构：在专利代理机构实习，学生可协助专利代理人处理专利申请的各个环节，如与发明人会面、提供技术查新服务、讨论技术方案、起草专利申请文件、提交申请、回应审查意见、代理复审和无效宣告等，熟悉专利申请的全流程。④商标代理机构：在商标代理机构，学生可协助商标代理人处理商标注册的相关事宜，包括与申请人会面、提供商标检索服务、准备申请文件、提交申请、缴纳费用、回应审查意见、提出异议、代理复审和撤销等，深入了解商标注册的法律法规。⑤知识产权代理机构：学生可在知识产权代理机构中，协助专业人士进行软件、文学作品、音乐作品等的著作权登记工作，帮助规范软件源代码，审查资质证明的合法性，评估作品的可注册性，修正注册材料的规范性，最大化保护客户的正当权益。此外，还可以利用代理机构的平台优势，促进技术与市场的对接，帮助产品更快进入市场，增加早期盈利的机会，协助项目跟进，撰写尽职调查报告，协调各方关系，撰写合作协议，安排实地考察，协助聘请专家等，全面提升学生的综合服务能力。通过在这些与法律服务密切相关的机构中建立实践教学基地，学生可以在真实的商业环境中学习和成长，为未来的法律职业道路打下坚实基础。

建议在各类法律事务集中、专业要求高的场所设立商业法学实践教学基地，以满足广大学生的多元化发展需求。法律服务者应全程参与商业活动的各个环节。在商业主体的生命周期中，从公司申请成立到注销登记，每个步骤都离不开法律的支持与规范。因为法人本质上是法律拟制的民事主体，其权利义务均由法律规定。此外，随着知识产权法律保护日益受到重视，许多学生对此领域产生浓厚兴趣，但由于缺乏深入了解行业状况和业务流程的机会，难以深入探索。因此，引导更多法学专业学生投身于亟须专业知识的场所，并为他们设定明确目标与方向，既有助于职业导向，也是复合能力提升的锻炼。在商业主体中设立法学实践教学基地，有助于学生更好地理解法律在商业活动中的应用，增强实践操作能力。同时，这为法学专业学生拓展了更广泛的就业路径，使他们能在更多领域寻求职业发展。这种方式既能提升学生的就业竞争力，又可以促进法律服务与商业活动的深度融合，实现双方共赢。

（五）实验平台的配套管理措施

各高校根据自身条件创建的实验平台种类和深度虽各不相同，但在实验平台

的管理上,应遵循一些通用原则:

(1)确立合理的实验室管理理念。实验室建设和管理应以学生为中心,以最大化学生利益为根本出发点和最终目标,避免出现实验室建设流于形式、缺乏实际效果的现象。同时,要追求实验室效益的最大化,例如通过有效经营依托高校的司法鉴定中心等方式实现。此外,要明确院系、学校与实验中心的管理职责,确保各方各司其职,形成管理合力,更好地服务于学生的实践学习。

(2)充分认识实验平台建设的重要性。一是校内模拟仿真平台的重要性。校内的虚拟网络平台、模拟训练平台及综合仿真实验平台虽然尚未得到广泛重视,但它们在弥补校外实践基地的不足方面具有不可替代的作用。这些平台能够提供多样化的实践环境和条件,为学生提供不受时间和空间限制的学习机会。因此,各高校应根据自身特点,系统规划并建设适合本校的模拟仿真平台,以增强学生的实践体验。二是深化校外实习基地的功能与合作。校外实习基地的重要性已广受认可,未来的工作重点应当放在深化和拓展这些基地的功能上。高校需要加强与基地之间的合作关系,进一步推动校际、校企以及高校与科研院所之间的协作。这不仅有助于加快实践教学基地和实验室的建设,还能促进资源共享和优势互补,形成更加紧密的合作网络。三是秉持科学的实验平台建设理念。注重实践能力和创新精神,将提升学生的实践能力与创新能力作为评价教学效果的核心标准,确保学生不仅掌握理论知识,更能应用于实际。注重质量优先于数量,在追求实践基地数量的同时,更要重视其质量。盲目扩大规模而不注重质量提升的做法是不可取的。应通过示范性基地的建设和试验,探索最佳实践模式,并以此带动其他基地的发展,实现从点到面的全面提升。遵循共建、共享、共赢的原则,实践基地的建设应遵循互惠互利的原则,寻求各方利益的最大公约数。只有通过共赢的合作模式,才能保证基地建设的长期稳定发展。高校应积极调动各方积极性,共同构建高质量的实践教学环境。

综上所述,实验平台的建设不仅是教育改革的重要组成部分,更是培养高素质应用型人才的关键环节。高校应在充分认识其重要性的基础上,采取有效措施,不断优化和完善实验平台建设,为学生的全面发展提供坚实保障。

第三节　法学教育实践教学形式多元化发展

一、案例教学法的解析

案例教学法,源于美国哈佛大学法学院院长兰德尔(Randle)于1870年的创新,是一种结合法律理论和实践的教学方法。学生在此过程中,通过对真实或模拟案例的定性、处理以及争议问题的分析、讨论和辩论，深入理解并掌握法律知识。

（一）案例教学法的应用现状

案例教学法在应用上主要呈现两种方式：一是融入理论教学的实践训练，在常规课程中融入案例教学，有助于学生更深入地吸收和理解所学知识，同时激发课堂活力，提升学生的学习兴趣。二是独立开设的案例教学课程，此类课程重点在于培养学生的综合应用能力，如实体法与程序法的结合应用、诉讼中各部门法的选择与运用，以及案件争议焦点的概括等。通过分析和讨论，学生不仅对知识点有更深的理解，还能逐渐培养法律思维和视角。这有助于学生在复杂实际情境中形成自觉的法律评价和权利意识，实现认知教育与伦理教育的双重目标。这两种应用方式共同提升了学生对理论知识的掌握和实践操作能力，为未来职业发展打下坚实基础。

（二）案例教学法运用的困境

尽管案例教学在法学课堂中得到广泛应用，但其效果和实施方式仍面临诸多挑战。目前，主要存在以下几个问题：

第一，学生参与度不足。案例教学的核心在于激发学生思考，鼓励他们独立分析并形成观点。但在实际教学中，由于学生课前准备不足、课堂上缺乏思考或因胆怯而不愿表达，导致案例分析效果不佳。

第二，案例分析定位模糊。学生往往试图寻找类似数学题的标准答案，然而法律问题的案例分析具有较强的主观性和不确定性，许多有争议的问题并无唯一正确答案。因此，学生可能会因缺乏明确答案而放弃探讨。案例分析定位应强调过程的重要性，而非仅关注结果。

第三，案例选择难度大。选择合适的案例是案例教学的关键。理想案例应具备代表性、真实性、启发性，并有一定疑难性和针对性。挑选合适的案例需精心筛选，既要能引发学生思考，又要避免过于复杂或抽象，以免让学生感到困惑。这些问题不仅影响案例教学效果，还限制了学生实际操作能力和法律思维的提升。因此，改进案例教学方法、提高学生参与度、明确案例分析定位及精选合适案例，成为当前法学教育亟待解决的重要课题。

（三）案例教学法的实施路径

法学本科教育的目标之一是使学生掌握基本的法学理论知识。在知识、能力和素质这三个人才培养要素中，对法学理论的理解主要属于知识层面。为了将理论知识的学习与实际应用更好地结合起来，从而深化学生的理论认识，认知型实践教学变得尤为重要。这种教学方式不仅能够帮助学生在学习理论的同时进行实践操作，还能在这一过程中融入职业伦理和人文教育，以培养学生的综合素质。而在这些认知型实践教学方法中，案例教学法尤为突出。它通过具体案例的分析与讨论，让学生在解决实际问题的过程中加深对法学理论的理解，同时培养其批判性思维和解决问题的能力。

1. 认知型案例教学的角色与策略

案例教学的目标不应一概而论，而是需要根据其在穿插式和独立设置课程两种不同模式下的应用来加以明确。作为认知型实践教学的一部分，当案例教学被融入理论课程时，其主要目的是通过案例教学辅助理论教学。在这种模式下，教师应充分利用案例教学将抽象概念具体化的优势，不断更新案例素材，提升课堂管理技巧。

在保持传统理论授课核心地位的同时，教师应选择具有真实性、典型性、权威性和趣味性的案例，以生动地呈现案件背景，调节课堂氛围，激发学生兴趣。案例来源可以包括《人民法院报》、司法考试题库以及中央电视台报道的真实案例，以确保案例的可靠性和代表性。

针对采用穿插式案例教学的课堂，教师的教学掌控能力至关重要，尤其是对低年级本科生的教学。由于这些学生尚未建立系统的法律知识体系，也缺乏专业的法律思维方式，教师不应让他们自由讨论，而应先系统地传授基础知识，再精选与课程内容紧密相关的案例，引导学生理解案例中的法律问题。

总之，在认知型实践教学中，案例教学应与理论讲解相互补充，尤其适用于缺乏法律基础的低年级本科生。通过这种方式，案例教学既能作为辅助手段，又能在教学中发挥重要作用，从而提升学生的法律素养。

2. 技能型案例教学的构建与实施策略

技能型案例分析课程与认知型案例分析有所不同，它通常是独立开设的，而非融入理论课程之中。这类课程基于学生已具备的基础知识，旨在通过将理论知识应用于实际案例，从而提高学生的法律实践能力、分析技巧和法律职业思维。为了实现这些目标，建议采用互动讨论的教学方式，整个过程大致可分为以下五个阶段。

（1）课前准备。课前准备这一环节的核心在于精心挑选具有启发性、复杂性的案例。这些案例不仅能引导学生思考法律分析方法，还应涵盖职业道德和人生价值观的探讨。选定案例后，教师会要求学生在课前进行小组讨论，并查阅相关资料，以便在课堂上进行更深入的探讨。

（2）课堂互动。课堂互动是教学过程中的核心环节。然而，鉴于班级规模较大，部分学生可能会依赖他人的努力，导致课堂讨论氛围不够活跃。为解决这一问题，教师可根据班级实际情况将学生分组，鼓励他们在课前进行讨论，并在课堂上分享小组观点。尽管教师力求避免"搭便车"现象，但要完全消除这样的现象仍有一定挑战。关键在于营造一个包容的环境，鼓励每位学生积极参与。

（3）教师综合评述。尽管学生在课堂上的发言各具特色，但教师的综合评述仍是不可或缺的一环。评述不仅是简单评价学生的观点，更关键的是提炼出分析问题的有效方法，助力学生掌握解决问题的思路。正如古语所言，"授人以鱼，不如授人以渔"，教授学生方法远比告知答案更具价值。

（4）撰写案例分析报告。撰写案例分析报告是学习过程的关键环节，具有两个主要作用：一是通过写作锻炼提升学生的文字表达能力；二是借助写作压力激发学生更积极地进行学习和研究。完成这份报告后，学生不仅能巩固课堂所学知识，还能培养独立思考和解决问题的能力。

（5）成绩评定与考核。在多数高校的成绩考核体系中，平时成绩的评定往往未能获得应有的重视。为了激发学生在案例讨论课中的积极性，可以考虑实施平时成绩奖励制度，奖励在讨论中表现优秀的学生，或采取一定的惩罚措施，以提高学生的参与度。这两种方法都旨在通过外在动力促进学生学习。然而，在具体实施过程中，还需根据教学班的学生水平、可用时间和资源等因素进行综合考量。根据实践教学的目标，案例讨论课应着力培养学生的法律思维、案件分析能力以及法律应用技巧，同时融入职业伦理和道德教育。作为实践教学的重要形式，案例教学法将在法学教育的各个阶段持续发挥重要作用。为了最大限度地提升案例教学效果，需根据学生特点和课堂需求，灵活调整教学策略，实现因材施教。理论课程中的案例教学旨在辅助学生更好地理解和掌握理论知识，而独立开设的案例课程则更侧重于培养学生的专业技能和法律逻辑思维。两者各有侧重，但又相互补充，共同促进学生全面发展。通过这种方式，案例教学能在不同教学场景中发挥最大价值，推动学生理论与实践能力的协调发展。

二、庭审观摩法解析

为了增强课堂教学的实效性，高校通常会选择法院正在审理的案件，组织学生亲自前往旁听。虽然这些案件不一定具有典型性或复杂性，但其目的在于让学生身临其境地体验法庭审判的全过程，从而揭开司法程序的神秘面纱。通过这种方式，学生可以直观地了解司法程序的各个环节，对司法流程形成初步的认识和理解。这不仅有助于减轻程序法课程可能带来的枯燥感，还能激发学生对法律实践的兴趣和理解。

（一）庭审观摩教学的特点

（1）直观性。这是观摩学习的一大特点，它在帮助学生记忆知识点上具有不可替代的优势。记忆的过程包含四个阶段：识记、保持、再认和回忆。识记是将对学习材料的编码，组织并存储到记忆系统；保持是大脑对已学习内容的保存；再认是再次遇到相同信息时的辨认；回忆则是在无提示情况下重新想起已学内容。再认和回忆是记忆信息提取的主要方式。庭审观摩教学为学生带去视觉与听觉结合的多感官体验，能够显著增强学生对信息的再认和回忆能力，进而提升学习效果。

（2）真实性与丰富性。法庭观摩让学生接触到社会现实的缩影，这种直观体验远比书本上的理论解释更为生动丰富。庭审现场不仅展示了法律程序的严谨，还揭示了社会生活的复杂与多样性。这种真实体验对培养学生的社会认知能力具有无可替代的价值，有助于他们深入理解社会现实。

（3）成长性与教育性。庭审不仅能呈现法律程序，更是充满法治元素和社会现实的综合平台。在这里，学生能学到许多课堂之外的知识和经验。法庭成为他们社会学习的另一课堂，通过观察案件处理过程，他们能积累宝贵经验，促进自身成长。同时，这也是法律教育的一部分，体现了法律的一般预防作用，即通过公开审判教育公众，预防犯罪发生。

（4）低成本且易实施。公开审判案件允许公众旁听，因此，组织学生旁听庭审的成本较低，高校主要只需承担交通费用。与模拟法庭或邀请专家讲座等相比，旁听庭审既经济实惠又操作简便，能高效实现教学目标。这种方式既节省教育资源，又可以让学生亲身体验法律实践，实现低成本高效益的教学效果。

（二）庭审观摩课程面临的挑战与问题

第一，庭审观摩后的及时系统分析。庭审观摩教学效果的提升离不开教师在观摩后的及时总结和系统分析。如果没有这种分析，学生现场获得的第一手资料可能无法与书本上的第二手资料有效对接，从而影响教学效果。因此，教师的后续分析和讲解对于帮助学生整合信息、加深理解至关重要。

第二，庭审观摩组织方式的优化。庭审观摩的组织方式存在过于官方的倾向，这对调动学生的主动性和积极性造成一定的阻碍。目前，这类活动通常由学校与法院合作开展，要么是法院到学校进行现场审判，要么是学校组织学生集体前往法院旁听。这种模式对人员协调和组织安排要求较高，操作起来并不便利，也不利于激发学生的参与热情。为了提高学生的实践能力和学习兴趣，高校应该优化观摩活动方式，鼓励学生自主参与，使其更加灵活多样。

（三）庭审观摩功能的延伸与拓展

观摩式教学因其直观、生动且成本较低的特点而广受欢迎，但其潜力在实践中的应用尚未充分挖掘。为了更高效地发挥观摩教学的优势，高校可以从以下几个层面着手优化和扩展其应用。

（1）教师应引导学生从多角度审视问题，培养他们分析问题的能力，并鼓励学生运用比较方法深化对相似知识点的理解。

（2）教师需激发学生的好奇心，引导他们不仅要了解现象，还要探索背后的原理。在观摩过程中，学生还应当掌握总结事实和适用法律的能力，并将观摩与案例分析相结合，以提高实际应用技巧。

（3）鉴于传统观摩模式在时间和参与度上的限制，高校应探索更便捷高效的观摩形式。比如，可以推荐学生观看精选的网络视频节目、富有启发性的影视作品或在线公开课程，将学习空间扩展至互联网的广阔领域。高校还可以搭建一个网络资源共享平台，由专业团队维护，上传高质量资源，确保学生能随时获取观摩材料，从而拓宽观摩式教学的应用范围。

（4）为促进学生从理论认知到实践技能的转化，可以将观摩庭审与模拟法庭活动相结合。这不仅有助于巩固学生的理论知识，还能锻炼他们的实战能力，为未来的职业生涯奠定坚实基础。

综上所述，通过这些策略的实施，观摩式教学将变得更加灵活多样，既能保留其固有的优势，又能克服时间、地点及学生参与积极性等方面的限制，为学生提供更加丰富多彩的学习体验。

三、研讨课教学模式分析

（一）研讨课教学模式简介

在美国的一些法学院，研讨课已成为一种独立的课程形式，与传统的讲授课并行。在本科阶段，如公司法等课程会设置研讨课，研究生阶段的研讨课比例更高，甚至有些课程仅设有研讨课。研讨课主要有两种模式，分别是适应课程模式和专业课程模式。适应课程模式侧重于引导教育，旨在帮助学生顺利适应学习和生活环境。它强调师生互动，关注学生心理疏导，培养学生的适应能力和团队协作精神。专业课程模式则以学术专题为主，通过互动讨论培养学生的研究思维，专注于专业学术问题的探讨、专业思维训练和专业技能的培养。研讨课的主题范围广泛，包括主题性话题、具体问题及案例等。因此，它既适用于理论教学，也适用于实践教学，是一种综合性的法学专业教学模式。研讨课在法学实践教学中的作用不容忽视。通过互动讨论，学生可以提升分析和解决问题的能力。若在研讨课中加入具体问题和案例内容，实践教学目标同样可以得以实现。研讨课与案例教学关系密切，它是案例教学法的延伸，以更专业、更具针对性的形式拓展案例教学。开展研讨课教学有助于提升学生的实践能力，使他们在深入理解法律理论的同时，能在实际案例分析中锻炼专业技能。

（二）我国研讨课的开设情况

自 2003 年清华大学率先开设研讨课以来，我国部分高校如上海交通大学、南京大学以及北京化工大学等亦相继引入该教学模式。然而，法学专业较少开设此类课程，目前尚无权威统计数据予以支持。法学专业研讨课的开设一般由教授或副教授提出申请，课程要求包括：任课教师应有教授或副教授职称；选课人数控制在 8 至 30 人之间；学分依据学时记为 1 分或 2 分。课程内容需符合学生知识水平和认知能力，鼓励采用多样化教学方法。尽管法学专业开设研讨课的数量和质量仍有待提升，但作为一门实践性极强的学科，在法学教育中深入开展研讨课具有重要意义。

因此，高校应关注当前法学专业研讨课教学模式的不足，努力构建适应法学教育需求的研讨课程体系。其主要问题包括：①开设院校稀少。在全国百余所重点大学和数十所 985 研究型高校中，开设研讨课的学校寥寥无几，专门开设法学专业研讨课的院校更是寥若晨星。②课程数量不足。在少数开设研讨课的院校中，此类课程通常被视为小班选修课程，选课人数受限，难以满足众多法学专业学生的需求，导致部分学生无法选到合适的课程。③信息反馈与经验总结不足。由于开设院校和课程数量较少，现有课程缺乏及时总结和交流。没有大规模的研讨会和经验分享，使得研讨课形式难以在更大范围内推广和发展。

综上所述，为提高法学专业学生的实践能力和研究水平，高校应加大对研讨课的支持力度。通过增加开设院校和课程数量、优化课程内容和教学方法、加强信息反馈与经验总结，逐步构建完善的法学专业研讨课体系，以更好地满足学生的学习需求和法学教育的发展要求。

（三）设计与实施法学专业实践性研讨课程：以提升学生实践能力为核心的教学策略

1. 深化法学专业研讨课程的意义认知与实践探索

提升法学教育质量的关键之一是高度重视研讨课程。这类课程不仅有助于深化学生对法学理论的理解，也是培养学生法律实践能力的必要环节。作为一门调节社会关系的社会科学，法学的核心任务是通过法律手段促进社会公平与正义，而非寻求自然科学意义上的绝对真理。法律问题往往没有唯一的正确答案，而是需要在多个可行方案中选择最适宜的解决办法。因此，法学教育应摒弃传统的灌输式教学，转向更注重启发学生思考、辩论和探究能力的研讨式教学。

为实现这一目标，高校可以从以下几个方面着手：一是更新教育理念，强化研讨课程在法学教育中的地位；二是完善制度设计，将研讨课程系统地融入教学计划；三是优化教学手段，采用多样化的教学工具和技术。通过这些措施，既能帮助学生扎实掌握法律专业知识,也能有效提升他们分析和解决实际问题的能力。

为了提升法学教育的质量,首先需要从思想认识上深刻理解研讨课程的价值,尤其是在培养学生的独立思考能力和创新能力方面。法学教育的目的不仅仅是传授固定的法律知识,更重要的是激发学生的批判性思维,使他们在处理复杂的法律问题时,不仅能够形成个人见解,还能提出创新的解决方案。因此,必须在教育理念上给予研讨课程足够的重视,将其视为传统授课方式的重要补充,甚至是现代法治人才培养过程中的核心组成部分,促使更多高校开设这类课程。

在制度层面,应将研讨课程正式纳入法学专业的教学体系之中,通过科学严谨的课程设计,确保其能够有序开展并不断完善。这要求定期对现有的研讨课程进行效果评估,基于收集到的反馈信息,及时对课程内容进行必要的调整和优化。同时,应搭建一个高效的信息交流平台,如定期举行教学研讨会,鼓励教师们分享成功的教学案例,撰写教学反思文章,甚至申请相关的教育改革项目,以积累宝贵的实践经验,为未来的制度建设和改进提供有力的支持。

在资源投入上,必须增加对法学研讨课程的支持,确保其拥有充足的教学资源。这不仅包括加强师资队伍建设,定期组织教师参加培训,提升他们的教学技巧和课程设计能力,也包括改善教学环境,比如建设适合小组讨论的教室,安装先进的多媒体教学设备,以满足研讨课程的需求。此外,还需在财政预算中设立专项基金,专款专用,用于支持研讨课程的发展。无论是教师的专业成长、教学资料的采购,还是各类教学活动的组织,都需要有坚实的经济后盾,以确保研讨课程的顺利实施和长远发展。

2.针对新生开展适合课程模式的研讨课程

新生阶段的法学教育在整个法学学习的过程中具有举足轻重的地位。尽管我国的法学教育并非精英教育,而是偏向于通识教育或职业教育,但无论是哪种教育模式,都强调法学专业学生应具备一定的法律思维和综合能力,如资料检索、问题分析、口头表达和综合运用等技能。因此,对法学新生进行法律思维训练显得尤为重要。

另外,大部分法学本科生在高考后直接进入大学,他们选择法学专业往往是无目的或偶然的,这导致一些学生对法学缺乏兴趣,或即便有兴趣也不清楚法学究竟是什么以及该如何学习法学。这些问题凸显了为法学新生开设适应性研讨课程的必要性,旨在激发学生的学习热情,更生动地展示法学专业的学习内容,引导学生逐步深入法学知识的世界。

在设计适应型法学研讨课程时,高校可以考虑以下几个方面。

(1)针对法学专业的新生,高校可以设计适应性研讨课程,以助力他们顺利转变应试教育的固定思维，适应开放、专业和多元的学习环境。此举旨在让学生摆脱对标准答案的依赖，激发他们对法学专业的热情和探索欲望，为他们未来的学术生涯奠定坚实基础。

（2）新生教育课程应由各高校中学术成就突出、享有盛誉的教授和专家担任主讲教师。借鉴国内外的成功经验，新生教育课程通常由这样的学者负责讲授。他们不仅拥有深厚的学术底蕴，而且能够用通俗易懂的语言阐释复杂概念。他们拥有广泛的知识体系和丰富的人生阅历，使得课堂生动有趣，真正实现教育的初衷——培育人才，而非仅仅局限于知识的传递。这种方式能极大地激发学生的学习热情和动力，为他们迈向学术之路奠定坚实基础。

（3）理想的新生教育课程的班级规模建议控制在30人以内，但可根据实际情况作出调整。借鉴国际一流大学的经验，如哈佛大学的研讨班一般不超过12人，加州大学则为15人，普林斯顿大学则根据课程特点自主决定，但多数不超过30人。小班教学有利于师生互动。对于适应性研讨课程，不必像专业研讨课程那样严格限制人数。例如，可以通过探讨社会热点问题，帮助学生理解社会问题的复杂性和多维性，进而探讨法律在解决问题中的角色，从而加深他们对法学专业的理解。这类课程不必贯穿整个学期，可设计为6课时，为期3周的短期课程，每个研讨班的学生人数控制在10人至20人之间，每周围绕一个特定主题进行讨论。这样既能确保适应性研讨课程目标的实现，又能保证每位学生的积极参与。通过这种灵活的课程安排，可以有效激发新生对法学专业的兴趣。

（4）为了推动课程的进行，高校倡导采用互动式的教学模式。教师首先需选择一个既不偏专业也不失简洁的主题，最好是与法学教育或当下社会热点息息相关的综合性议题，确保内容充实且无误，以此激发学生多角度思考，并吸引他们积极参与。在选定恰当话题后，教师需精心设计一系列问题，例如分析某一社会热点出现的原因、提出解决策略，或探讨法律在其中的角色等。这些问题应在课前分配给学生，给予他们充足的准备时间。课堂上，教师可以运用交叉提问、分组讨论等形式，增强互动性。课程结束后，教师应对讨论内容进行总结与点评，这是教学过程中至关重要的一环，既能巩固学生对知识点的理解，也能帮助他们实现自我认同，并明确未来改进方向。以上方法，有助于学生全面发展，实现认知型研讨课程的教学目标。

（5）为了确保研讨课程的质量和效果，高校应当重视师资力量的配置。不仅要从本校在岗教师中挑选，还可以邀请离退休教授或政府机关等领域的专家进行授课，充分发挥校内外资源的优势，调动各方积极性。此外，为每位主讲教师配备1名至2名助教，这些助教可以由硕士生或博士生担任，他们的职责包括协助教师搜集资料、设计问题、准备课程以及课后辅导等。这样的团队组合既能有效减轻在职教师的工作负担，又能发挥"传帮带"的作用，促进教师间的知识传承和交流。同时，它还有助于增强师生间的深度互动，增进彼此的理解和信任。通过这种全方位的合作机制为研讨课程的顺利进行提供了有力保障。

3. 以学生为中心的专业课程研讨模式

研讨课作为一种高效的教学模式，其优点在于激发学生的学习热情和提升学生的深度思考能力。为了在我国的专业教学中充分发挥这一模式的优势，高校可以通过比较研究的方法，借鉴其他国家和地区的高校在类似背景下的成功经验，构建一套符合我国国情的研讨课程体系。在这个过程中，高校可以借鉴国外大学的研讨课教学实践，如牛津大学，同时学习国内清华大学的相关经验。通过跨文化的对比与学习，高校既能吸收国际先进经验，又能结合本土实际情况进行创新，最终形成具有独特特色的研讨课程体系。这样既能保证教学效果的提升，也能推动我国法学教育的发展。

（1）课程内容设计是专业型研讨课与适应型研讨课，以及理论型研讨课与实践型研讨课之间的核心区别。适应型研讨课的主要目标是协助学生迅速融入法学教育，理解法律的基础作用，并激发他们对法学的学习兴趣。为此，课程话题应聚焦当前热点问题，内容简洁明了，以启发学生思考为主。相反，专业型研讨课旨在培养学生的法律职业思维，提升他们解决实际问题的能力。因此，课程内容需更具专业性、学术性，复杂度高且具备现实意义，可以分为学术理论专题、社会热点分析、典例案例解析等类别。除学术专题关注法学理论探讨外，其他专题更侧重于实践能力训练，涵盖从问题发现、分析到解决的全过程，可以全方位锻炼学生的法学思维。以多元纠纷解决机制为例，通过对该主题进行研讨，学生在理论上能认识到诉讼仅是众多纠纷解决方式中的一种。在实践层面，教师介绍和讨论多种纠纷解决方法，强调纠纷解决方式的多样性，说明诉讼并非唯一途径。通过比较不同解决方式的优缺点，学生学会如何在众多选项中选择最适合的解决方案，实现当事人利益最大化或损失最小化。这一过程既锻炼了学生的法律综合思维，也提升了他们的全面思考能力。因此，内容设计对实现学习目标具有重要意义。在专业研讨课程中，选择综合性强、学术界或社会广泛关注且与法律学科紧密相连的主题，有助于辅助学生理论学习，同时培养学生的实际操作能力。

（2）为了确保研讨课程的教学质量，教师通常需要将其与相应的讲授课程同步开展，并在考核过程中实施全面的综合评价。在设计考试时，教师可以要求学生针对研讨课的主题撰写论文，以深化理论理解，或将理论与实践紧密结合。这种做法不仅有助于改变传统法学教育单纯测试知识点的模式，还能全面评估学生的法学思维能力和专业素养。通过这样的方式，高校能够培养出既有深厚理论基础，又具备实战操作能力的复合型法律人才。这种综合性的考核方法既能检验学生对知识的掌握程度，更能考查他们运用法律思维解决实际问题的能力，从而真正实现法学教育的目标。

（3）不同类型的研讨课对师资专业化程度的要求各有侧重。适应型研讨课更倾向于邀请具备广泛学术背景和扎实综合能力的法学专家，着重于拓宽知识视野。而专业型研讨课则需要聘请在特定领域拥有扎实专业知识的法学专家，侧重知识的深度。在专业型研讨课中，尽管助教仍可发挥辅助作用，但对主讲教师的要求明显提升。他们不仅要精心筛选课程内容，还需对相关议题进行深入的研究和思考。在某些情况下，为保证课程内容的准确性和实用性，可能还需邀请其他领域的专家或实务工作者，如律师、研究员、设计师、会计师、清算师、经理、公关部门人员等参与教学，体现"术业有专攻"的原则。为实现这一目标，课程设计阶段就需做好详细规划，确保各参与者有效协作，共同提升课程质量。因此，适应型和专业型研讨课在师资配备上各有侧重，旨在实现知识的广度和深度。

（4）在实施专业研讨课程时，可以尝试与适应性研讨课程不同的方法，例如实行轮流主讲制度。在这种模式下，固定的小组或个人在每节课中担任主讲，负责选题、引导讨论、串联各个环节以及总结。学生与教师互动的主要方式是提问和参与讨论。当然，教师也可以直接担任主讲，指导研讨进程。但由学生进行主讲的形式具有明显优势，具体体现为：①减轻教师负担。如果所有课题都由教师准备，不仅会增加教师的工作量，还可能导致内容准备不充分。让学生轮流准备，可以分担这项任务，每个学生每学期只需准备一次，这既减轻了教师压力，又能确保内容质量。②激发学生积极性。学生主讲能够最大限度地调动学生的积极性和创造力，整合集体智慧，使研讨内容更加全面和深入。教师在此过程中扮演监督者的角色，对学生的选题、问题设计等进行指导和审核。同时，教师也是参与讨论的一员，可根据学生特点定制学习内容，促进师生平等交流，打破传统"讲授—接受"的教学模式。此外，这种教学方式是法学教育改革的一种尝试，可以邀请多位教师或行业专家共同参与，构建学生与教师共同组成的研讨共同体，促进思想深度交流与碰撞。

总之，研讨课对法学学生具有重要影响。无论是激发学习兴趣、深化法学认识，还是拓展理论知识、锻炼实践思维，研讨课都展现出其他教学方式难以比拟的优势。作为一种综合性教学模式，研讨课既不过度依赖理论教学，也不过分侧重实践教学（如法律诊所），而是将两者有机结合，这正是我国法学教育所追求的理想教学方式。

四、模拟法庭(仲裁庭)解析

(一)高校中模拟法庭(仲裁庭)的存在形态

模拟法庭是指教师组织学生对诉讼过程中的开庭审理环节进行模拟和再设计的一种实践教学方法,本质上属于角色扮演的范畴。模拟法庭通常由法官、书记员、律师、当事人等角色共同参与,营造一个虚拟但真实的庭审环境。最初,模拟法庭被视为一种教授诉讼程序的教学工具,重点在于庭审流程的准确性和流畅性,以及法官对庭审的掌控能力。学生的主要任务是演示正确的庭审流程,对案件实质问题的关注相对较少。随着实践教学要求的提高,模拟法庭逐渐发展出更高层次的目标:要求参与者像真正的案件当事人一样,从收集证据、分析案情、判断事实到最终确认事实,运用心理学、语言学、行为分析,以及经济学、文化学、社会学、伦理学等多种方法,全面分析法律的实际运作和操作过程。此时,模拟法庭不仅考查法官的庭审组织能力,还测试原被告双方的案件分析和辩论技巧,力求在程序正确的基础上,对案件实质问题展开激烈辩论,尽可能完整地再现从证据收集到最终判决的整个庭审过程。

模拟法庭存在两种主要形态:初级模式和高级模式。初级模式侧重于程序的正确执行,高级模式则更加注重实体问题的对抗式辩论。这两种模式并不冲突,而是共同构成模拟法庭的价值体系。模拟法庭不仅在目标设定上有不同的侧重点,在实施方式上也呈现出多样化的特点,主要包括学生自发组织和课程设置两种形式。学生自发组织的模拟法庭活动,有时像带有表演性质的话剧,有时则更像一场辩论赛,可能侧重于实体问题,也可能更关注程序细节,具体取决于组织者的策划和规则设定。作为法学实践教学的重要组成部分,学生自发组织的模拟法庭为法学教育增添了活力和成效。

在课程设置方面,模拟法庭已成为许多高等院校法学院系的一门实践性质强的专业必修课。尽管单独开设模拟法庭课程的高校还不多,但越来越多的程序法课程开始将模拟法庭作为教学的辅助环节。通常,由程序法课程的授课教师在班级内部组织模拟法庭活动,并进行评价,这是目前模拟法庭在课堂实践中最常见的形式。这种教学方式不仅有助于学生掌握法律程序知识,还能锻炼他们的实际操作能力,为将来成为一名合格的法律从业者打下坚实的基础。

(二)模拟法庭(仲裁庭)实践形式的现状

学生自发组织的模拟法庭活动多模仿国际知名竞赛,如"JESSUP国际法模拟法庭竞赛"等,以法庭辩论形式进行,考验学生的法律知识及综合能力,包括法律文书写作、口头辩论、团队合作等。这类活动既是基于学生兴趣和能力的第二课堂，也在更广泛的层面上发展为区域性和全国性的竞赛，如"理律杯"全国大学法学院模拟法庭竞赛。通过参加这些比赛，学生能提升撰写诉状、当庭辩论等技能，比赛成为实践学习的方式。但受主办方权威性、活动宣传力度、学生兴趣、竞赛激励机制及案例难度等因素影响，这些活动的教学效果有限，更多是精英学生的自我提升平台。

相比之下，由程序法课程教师安排的课堂模拟法庭具有更强的普遍性和教学意义。作为掌握程序法知识的重要手段，课堂模拟法庭已在我国大多数高校法学院得到广泛应用并取得成效。但课堂模拟法庭实践教学仍存在以下问题：活动设计单一，缺乏多样性和灵活性；教师指导不足；评估机制不健全，侧重于程序的正确性而非学生的实际操作能力和法律思维的培养；学生参与度不均衡。因此，课堂模拟法庭尽管在法学实践教学中发挥重要作用，但仍需进一步改进和完善，以实现教学目标。

1. 课程保障问题

当前，我国模拟法庭课程的运行缺乏计划性、规范性和系统性，其独立性尚未得到充分认可，教学地位也尚不明确。一般来说，它被视为诉讼法学课程的一个组成部分，由诉讼法教师根据需要在课堂上安排；或者作为诉讼法学的实践活动，由教师在理论课后自行组织。这种模式会导致许多问题，不利于模拟法庭教学的长期发展，如：①独立地位不显著。模拟法庭教学往往被视为诉讼法学理论课程的附加环节，其独立价值未能得到充分展现，教学目标也往往设定得较为简单和基础。②缺乏配套规范。由于模拟法庭未能作为独立课程开设，因此缺乏教学大纲、考试大纲和教学计划等必要的管理规范，这严重影响教学的有序性和有效性。③课时保障不够充足。模拟法庭的开展通常没有固定的课时安排，诉讼法教师组织模拟法庭的频率较低，参与的学生数量有限，导致教学效果大打折扣。

2. 教学流程控制的完整性缺失

当前的模拟法庭课程过于侧重庭审环节，尤其是法庭辩论部分，而对庭前准备、庭后总结以及材料归档和保存等流程的关注不足。这种倾向在程序法教学中是一个亟待改进的问题。实际上，法庭审理仅是法律程序的一个环节，庭前准备工作同样至关重要，包括律师授权委托、起诉、立案受理、诉讼文书送达以及证据收集等。只有模拟这些环节，才能确保模拟法庭的完整性和真实性。此外，庭后总结和材料归档保存环节也常被忽视或简化。然而，在真实的司法活动中，这些工作的意义有时甚至超过开庭审理。制作庭审记录并归档法律文书，是模拟法庭完整性的关键部分。既然名为"模拟"，就应在尽可能接近真实标准的前提下，严格确保各个环节的完整性，以全面提升学生的法律素养。

3. 模拟法庭的表演性质显著

事实上，模拟法庭的戏剧性往往盖过其模拟性。这主要源于两个原因：一是案例选择的局限性。虽然在理想情况下，应选择具有典型性、可操作性且与授课内容相关的真实案例，但受教师主观意愿和时间、资源等客观条件的制约，大多数教师选择的案例往往是简单且无争议的，甚至是完全虚构的。这样的选择旨在确保庭审活动的顺利进行，有时甚至将庭审过程编写成剧本，让学生按剧本表演。模拟法庭活动看似热闹，实则缺乏实质性的学习内容。二是追求表面效果而忽视真实性。为了确保庭审过程的可控性和流畅性，控辩双方往往在庭前进行沟通、交流甚至彩排。尽管这种方式保证了庭审效果的有序性，但实际上却削弱了模拟法庭的训练效果，难以达到预期的教育目标。

综上，模拟法庭更像是提前编排好的话剧，这不仅影响学生对真实法律程序的理解和掌握，也影响其实际操作能力的培养。因此，为了提升模拟法庭的教学效果，教师需要在案例选择、庭审准备和过程控制等方面进行改进，确保模拟法庭更贴近真实的法律实践。

4. 教师分配问题

在当前的模拟法庭活动中，指导教师资源明显不足，这不仅对学生学习效果产生负面影响，也制约了活动质量的提升。一是指导力量主要集中在少数诉讼法教师身上，无论从人数还是专业背景角度看，都显得力不从心。二是由于日常教学和科研任务繁重，这些教师难以投入足够的时间和精力到模拟法庭的指导工作中。三是多数指导教师缺乏充足的法律实践经验，导致实际操作指导能力有限，指导内容更多停留在理论层面，与模拟法庭强调的实践性学习目标相去甚远。四是作为跨学科教学模式，模拟法庭需要指导教师具备宽广的知识面和较强的综合能力，而现有团队在这方面的表现尚不尽如人意，他们对所教授的课程有深入理解，但对其他相关领域的知识掌握不够全面。因此，对现有指导教师队伍进行调整刻不容缓，以提升模拟法庭教学质量。

5. 实验室配套设施建设问题

模拟法庭实验室的普及程度和用户体验在许多高校中尚不理想，主要受限于硬件设施和资金支持。一方面，由于经费短缺，一些学校仅能利用普通教室进行简陋的改造，这难以营造出法庭应有的庄重氛围，影响教学效果。另一方面，即使某些学校设有专门的模拟法庭实验室，其使用和管理过程仍存在诸多不便，导致设施利用率不高。例如，复杂的申请流程和使用限制（如担心设备损坏或丢失）使得实验室管理者在很大程度上对师生使用实验室持谨慎态度，进一步限制了实验室的充分利用。为改善这一现状，有必要从增加资金投入、优化资源配置和简化管理流程等方面入手，为模拟法庭教学提供有力支持。

（三）提升模拟法庭教学质量的路径

为了提升模拟法庭教学的成效，师生需共同努力，开展系统化、科学化的研究，并制定标准化规划与管理体系，确保有坚实的软硬件支持。特别是要重新塑造传统程序型模拟法庭，使之向更综合的方向发展。总体而言，实现这一目标的关键在于以下几点：

第一，模拟法庭活动必须设定明确的目标。这种教学方式旨在实现认知与能力培养的双重效果。一方面，作为程序性课程的一部分，它有助于学生理解和掌握法律程序，这是认知层面的学习。另一方面，鉴于法律实务的复杂性和综合性，单纯的学习程序无法满足实际需求，因此模拟法庭还承担着锻炼学生综合能力的重任，包括发现问题、分析问题和解决问题的能力，这是能力层面的培训。在实现这两个目标的过程中，虽然模拟法庭相较于其他实践教学方式具有明显优势，但不能将其作用仅限于认知层面。正确的做法是在确保学生能够通过模拟法庭深入理解法律程序的基础上，进一步提升他们的实战能力。换言之，模拟法庭教学的理想定位应该是能力型实践教学，即使实际效果可能暂时仅达到认知目标。确立这样的高标准，可以激励高校在模拟法庭教学的设计和实施上不断追求进步，探索其潜在的更大价值。通过这种方式，不仅能够丰富模拟法庭教学的内容和形式，还能更好地服务于学生的全面发展。

第二，模拟法庭作为一门重要的实验课程，旨在通过模拟真实情境来全面提升学生的庭审驾驭、辩论、文书写作及表达等多项能力。为了确保这一综合性课程的有效实施，必须建设专门的模拟法庭实验室，而非简单地将普通教室或多功能厅改造成临时场所。理想的模拟法庭实验室应具备以下特点：

专用空间。建立一个独立的实验室，专门用于模拟法庭活动。该空间的设计与布置需尽可能反映法庭的庄严与公正精神，确保学生能够在一个逼真的环境中进行练习。

标准布局。依据《人民法院法庭规则》的规定，法庭内部需合理安排各种设施，包括但不限于国徽、审判桌椅、书记员席、原告席、被告席、旁听席等。此外，还应准备法槌、诉讼参与人员标牌以及各类制服（如法官服、检察官服、律师袍、法警服等），力求在视觉上还原真实的法庭场景。

现代化装备。为了适应现代教育技术的需求，实验室应配备一系列先进的教学工具，如电脑、投影仪、电视机、数码相机、摄像机和音响系统等。这些设备不仅可以增强教学的互动性和趣味性，还能记录下模拟庭审的过程，便于事后评估与学习。

视频录制功能。有条件的教学单位应对模拟法庭的庭审过程进行全程录像。这样做不仅有助于后续的评价与反思，还能积累宝贵的教育资源，供未来的学员参考学习。

档案管理系统。在模拟法庭实验室的设计中，应考虑设立专门的档案室，用于存放实验室的各项规章制度、使用记录以及历次模拟庭审的相关文档，包括但不限于文书、流程设计和总结报告等。良好的档案管理有助于保持资料的完整性和连续性，方便后续学生查阅和学习，从而最大化模拟法庭教学的长期效益。

通过上述措施，高校可以构建起一个既符合教学需求又具备高度仿真性的模拟法庭实验室，为学生提供一个优质的实践平台。

第三，设立独立的模拟法庭课程，目的在于更加专注地提升学生的全面法律实践能力，而非仅仅依赖模拟法庭教学来实现对程序规则的认识。实际上，庭审观摩等方法也能有效地实现认知教育目标。因此，建议将模拟法庭课程从程序法课程中独立出来，以更集中地培养学生的模拟法庭综合能力。具体来说，该课程的最佳开设时间应为学生入学后的第五或第六学期。此时，学生已掌握实体法和程序法的基本知识，在毕业实习前进行此类集中训练，可以最大限度地发挥模拟法庭教学的价值，提升学生的实践能力。课程内容应涵盖刑事、民事、行政模拟法庭以及模拟商事仲裁庭等多个领域，确保学生获得全面的法律实践训练。在师资配置方面，单一教师负责制不仅增加教师负担，也无法充分发挥各自的专业优势。因此，建议采用"双师"指导模式，即每门课程由两名来自不同学科领域的教师共同授课。其中一名教师应为具有丰富实务经验的专家，以确保教学内容既有深度又贴近实际。这种方式既能有效整合教师资源，又能显著提高教学质量，助力学生全面提升能力。

第四，设计模拟法庭流程时，通常需经历五个核心阶段：案例挑选、角色分配与讨论、诉讼文书准备、模拟开庭以及综合评价与总结、归档并保存相关材料。然而，在实际操作过程中，各阶段均存在一定的挑战与不足。例如，案例选择可能不够典型或缺乏实际操作性；在角色分配与讨论环节，参与者往往过分依赖预设剧本，忽视临场反应的重要性；诉讼文书撰写阶段，学生普遍缺乏专业指导，导致文书质量良莠不齐；尽管模拟开庭环节受到高度重视，但仍存在机械化现象，缺乏灵活性和真实性；在总结与归档阶段，工作细致程度和资料保存完整性有待提高。

为了使模拟法庭的流程设计更具针对性，可以将其概括为三个核心环节，即开庭前的准备工作、开庭过程以及庭后的收尾工作。这三个环节如同机器的各个部件，只有当它们精确无误地协同工作时，才能达到最佳效果。具体来说，包括以下五个步骤。

第一，案例挑选。挑选合适的案例是模拟法庭成功的关键。这些案例可以来源于法院或律师事务所已审结的真实案件，也可以是通过互联网资源精心筛选的。关键在于，所选案例需具有代表性、新颖性和辨识度，能为参与者提供充足的发挥空间。避免选择过于简单或争议较小的案例，这类案例无法有效锻炼学生的判断力、逻辑思维能力等核心能力。同时，案例应尽可能涵盖所有相关方，如刑事案件中的被告人、被害人、辩护律师、代理人、证人、鉴定人等，以保证模拟的全面性和完整性。

第二，角色分配与分组讨论。根据选定案例的实际情况，对学生进行合理的分组。例如，刑事案件可划分为公诉组、审判组、辩护组和综合组，民事案件则可细分为原告组、被告组和审判组。分组方式多样，如抽签、自愿报名或指定等，但考虑到模拟法庭的规模限制，无法让每个学生都担任特定角色，这可能会影响部分学生的积极性。因此，在分组时应尽量兼顾所有学生的感受和参与机会，可通过固定分组与轮换角色的方式，确保每位学生都有机会参与不同的角色。此外，组织庭前观摩活动也是必要的准备环节之一，有助于学生更好地融入角色。对审判长、公诉人等关键角色，教师应给予适当的指导，确保模拟过程的顺利进行，同时也是对全体学生负责。

第三，准备诉讼文书。学生需准备各类诉讼文书，如起诉状、代理词、公诉书、证据目录和辩护词等。若模拟法庭设有当庭宣判环节，审判组还需提前准备判决书。注意判决书内容应根据庭审现场情况适当调整，或选择庭审结束后另行宣判，以确保判决的准确性和合理性。

第四，正式开庭。开庭是模拟法庭的核心环节。为确保庭审的合法性和严肃性，必须遵循正式的开庭程序，遵守相关诉讼法的规定。此外，法庭座位安排、角色着装等细节应尽可能与真实庭审保持一致，增强学生的沉浸感，让他们亲身体验法庭的庄严和肃穆。

第五，庭后点评。庭审结束后，指导教师应全面点评学生的庭审表现。有条件的可采用录像回放形式，详细分析学生表现。点评内容课包括案件难点与重点总结、学生事实认定准确性、法律适用正确性、实体法和程序法掌握程度。教师针对各角色的表现提出具体的改进建议，帮助学生在今后的学习中不断提高。此环节是模拟法庭教学的关键部分，精准点评有利于学生成长，避免活动流于形式，失去教育价值。

除此之外，还可以采取进一步改进的措施：一是制定完善的规则。制定详尽的模拟审判规则和使用办法，规范管理模拟法庭活动，确保其有序进行。二是关注整体衔接。确保模拟法庭各环节紧密衔接，流程顺畅无阻。三是选拔经验丰富的指导教师。邀请具有实践经验的教师担任指导，从理论和实践两方面为学生提供全面深入的指导。四是支持学生社团。学校应积极支持学生社团开展模拟法庭活动，提供教师指导和物资保障，充分激发学生的自主性和创造性。

通过上述措施，有望提升模拟法庭活动质量，确保学生在实践中得到全面锻炼和发展。

五、诊所式法律实践教学解析

（一）诊所式教育的背景

20世纪60年代起源于美国法学院的法律诊所教育，模仿医学教育中的临床实习模式，旨在通过实际案例为学生提供真实的法律服务经验。在这种模式下，学生在资深教师的指导下，直接为社会上的弱势群体提供法律援助，不仅能锻炼自身的法律实务技能，还可以培养强烈的社会责任感。美国的法学教育经历了从传统的学徒制到案例教学，再到诊所式教育的发展历程，最终形成以诊所式教育为核心的教学方法，这得益于其独特的优势和内在价值。这种模式不仅能提高学生的专业能力，还可以强化他们的职业道德和社会责任感，实现教育与社会服务的双重目标。

尽管如此，该模式在法国、德国等大陆法系国家却鲜少见到。这引发了关于诊所式教育是否更适合英美法系国家，以及在不同教育理念和目标下，这种强调实践的教育模式能否有效实施的讨论。在中国引入诊所式教育之初，人们同样担心这一模式是否会因为文化差异而产生适得其反的效果，甚至担心会出现"画蛇添足"的情况。然而，经过深思熟虑的选择与调整，诊所式教育最终在中国找到了适合自己的发展道路。1999年底，中国人民大学率先探索在中国实施诊所式教育的可能性，并于2000年，在美国福特基金会的支持下，与北京大学、清华大学、复旦大学等七所高校共同开设法律诊所课程。自那时起，法律诊所教育在中国迅速发展，逐渐成为法学教育领域的一股重要力量。

诊所式教育在中国的成功，不仅归功于其自身所蕴含的教育价值和社会需求，还在于它能与中国现有教育体系有效融合。相较于其他实践教学方法，诊所式教育以其独特的实践性、互动性和社会服务性，为中国法学教育带来了新的活力。通过不断的本土化调整，法律诊所教育不仅帮助学生更好地掌握法律知识和技能，还促进了社会公平正义的实现，展现了其在中国的独特魅力和广阔前景。

第一，长期以来，法学实践教学中最传统的模式就是毕业实习。虽然学生有机会在司法机关或律师事务所实习，但往往承担的仅是文件送达、记录等辅助性工作，难以深入接触专业法律事务。此外，由于实习单位承受业务压力，加之对实习生能力的顾虑，学生常缺乏有效的指导，这在很大程度上影响实习的教育效果。与此同时，案例教学作为全球广泛认可的法学教育方法，虽然有助于学生理解理论知识，但也有其局限性。案例教学通常基于既定事实或虚构场景，所有事实和证据都严格限定在预设框架内，往往只提供一个"标准答案"，这限制了学生的思维空间，不利于培养他们在现实世界中解决复杂问题的能力。更重要的是，案例教学未能充分考虑法律实践中社会因素的复杂性，难以完全取代实际的法律实践经验。

第二，针对这些传统教学模式的不足，法律诊所教育应运而生。它通过模拟真实的法律服务环境，让学生亲自参与案件处理，从而更有效地掌握法律实践技能。法律诊所教育不仅注重理论与实践的结合，更强调培养学生分析并解决实际法律问题的能力，为学生提供了一个更接近真实世界的实践平台。

总体而言，无论是传统的毕业实习还是普遍应用的案例教学，均不能完全满足法学教育的需求。法律诊所教育作为一种创新模式，有效填补了这一空白，为法学教育注入了新的活力和方向。

（二）法律诊所教育的现状与发展

诊所式教学法在法学教育领域取得显著成效后，其理念已广泛渗透到其他法学课程，为教学注入新的活力。在中国的法学教育界，教师将这些创新的教学理念融入多样化的课程之中，成效显著，具体体现在以下三个方面：①教学过程强调以学生为中心，重视满足学生的需求并促进其个人发展。课堂上鼓励学生积极参与，激发他们的学习兴趣和自我驱动力，使学生从被动的知识接受者转变为积极的学习主体。②课堂互动与知识互补成为教学常态。教师与学生间的互动交流构成了一种双向的学习过程，彼此启发，共同进步。通过讨论和辩论等形式，学生不仅深化了对知识的理解，而且不同背景的学生之间实现了知识和经验的相互补充，增强了团队协作能力。③在教学过程中营造一种平等对话的环境。在课堂讨论和小组活动中，每个学生都有机会表达自己的看法，并在尊重和平等的环境中成长。这种教学方式促进了开放包容的学习氛围的形成，让每位学生都能自信地贡献自己的智慧。

中国法律诊所教育的特点体现在以下方面。

第一，多元化的课程主题。中国法律诊所教育的课程内容广泛，涵盖劳动权益保障、消费者权益维护、公益诉讼、弱势群体权益保护、女性权益保障、环境保护、刑事辩护、青少年社区矫正、刑事和解、老年人权益保护、青少年权益保护等多个领域。这些主题不仅响应我国社会变革的多元化需求，也为学生提供了丰富的实践机会。

第二，国际交流频繁。在中国法学教育研究会诊所法律教育专业委员会（CCCLE）和福特基金会的支持下，我国开设法律诊所课程的教师与国际同行保持紧密的交流，包括定期的国际研讨会、经验分享会，以及国内各高校间的教师相互观摩课程、新教师培训等，这些都促进了教学水平的提升。

第三，学生收获丰富。参与法律诊所课程的学生不仅提高了处理法律问题的能力和沟通技巧，还能将理论知识与实际案例相结合，深化对法律理论的理解。此外，他们在实践中学会了与人交往，坚定了为实现法律理想而努力的决心。

第四，连接法学教育与社会。法律诊所成为连接法学教育界与社会的重要桥梁。学生通过参与法律援助案件处理和社区法治宣传活动，见证社会变迁对法律实践的影响，深刻认识到法律职业道德的重要性以及法律工作者的社会责任。这种实践经验对于培养具有高度社会责任感和专业素养的法律人才具有重要意义。

中国高校的法律诊所教育经历了从起步到成熟的历程。以北京大学为例，起初，北京大学的法律诊所课程作为传统实习课程的补充，旨在为学生提供更多实践机会。随后，学校尝试将诊所教育与校外机构见习相结合，让学生在律师事务所或公益服务机构进行挂靠式训练。经过不断探索，北京大学最终建立了自己的实体法律诊所——北大大学生法律服务中心，这一过程展示了中国法律诊所教育的发展方向。现如今，全国已有众多知名法律诊所，各具特色并形成独特的运行模式。如北京大学的民事法律诊所和社区法律诊所，通过独立运作的实体机构，为学生提供了丰富的实践机会。清华大学则设立了消费者权益诊所和劳动诊所，专注于特定领域的法律服务。武汉大学依托"武汉大学社会弱者权益保护中心"建立了综合性法律诊所，为学生提供多元化的实践平台。尽管这些法律诊所在运作模式上各有特点，但均以真实案例为基础，采用课堂讲授和个案指导相结合的方式，使学生能在实际问题解决中应用理论知识。无论采用何种形式，法律诊所已成为中国法学教育的重要组成部分，其独立性和综合性在法学实践教学中发挥着重要作用。经过多年的系统探索和精心设计，中国法律诊所教育模式已逐步成熟，既为学生积累了宝贵的实践经验，又推动了社会公平正义的实现。这一教育模式的成功，展示了中国法学教育在实践教学方面的显著成果，为培养高素质法律人才奠定了坚实基础。

（三）诊所教育面临的挑战与困境

由于我国法律法规的约束，法律诊所学生在处理实际案件时所具备的权利相较执业律师而言有很大差距。尽管如此，他们在教师的指导下可以参与案件的调查、取证和法律咨询等环节。然而，在法庭发言以及签署法律文件等方面，诊所学生的资格仍受到严格限制。这些限制既影响了学生对实际案件的参与程度，也减少了他们全面锻炼法律实务能力的机会。

法律诊所课程因其独特的实践性和社会服务性，受到广大师生的热烈欢迎。然而，这类课程所需的经费相较于传统课程明显更高，对许多高校法学院来说无疑是一项挑战。为推广法律诊所课程，中国法学教育研究会诊所法律教育专业委员会（CCCLE）肩负起筹集经费并资助各高校的重任。这不仅是一项压力巨大的任务，更是至关重要的一环。CCCLE需通过多渠道筹措资金，确保各高校能顺利开设和运营法律诊所课程。

同时，弱势群体对法律诊所课程充满期待，希望借此解决实际问题。然而，办理案件本身亦需一定的经费支持，如调查费、交通费、文书制作费等。筹集和管理这些费用是法律诊所课程可持续发展的重要因素。

当前，我国负责法律诊所课程的教师面临着巨大的工作压力。他们既要完成繁重的教学任务，又要进行个人专业研究。由于缺乏独立的诊所教师考核和晋升体系，他们的付出往往得不到充分的认可和支持。同时，诊所教育的实施还需经费补贴，这无疑会进一步增加教师的工作负担。为解决这些问题，应建立完善的教师激励机制，提供必要的经费支持，以确保教师能全心投入诊所教育。

法律诊所教育在我国的本土化进程充满复杂性与长期性。作为成文法国家，我国法学教育长期秉持"以教为本"的理念，采用灌输式教学模式。这与法律诊所教育强调的实践性和互动性存在较大差异。因此，如何在理论与实践之间找到平衡，是法律诊所教育在我国成功实施的关键。

现阶段，法律诊所教育的本土化面临多重挑战。一是教育界、司法界及社会各界对诊所教育的认知和接受程度存在差异，需通过持续宣传和示范，逐步改变传统教育观念。二是本土化需结合我国实际情况，开发符合学生和社会需求的教学内容和方法。三是推广法律诊所教育需政策支持和制度保障，建立完善的考核与评价体系，确保其可持续发展。

（四）法律诊所的多元化与本土化发展：探索适应我国国情的创新路径

在构建"嵌入式＋集中式"的法学实践教学新模式时，明确法律诊所教育的角色与功能至关重要，这有助于实现教学布局与设计的优化。法律诊所教育与法律专业实习的性质相近，均旨在提升学生的实践能力，且在综合应用层面具有较高契合度。因此，有学者认为诊所式教学可作为专业实习的替代来强化学生实践能力。若采纳此观点，法律诊所教学将在法学实践教学体系中居核心地位，甚至超越传统实习，成为实践教学能力培养的主要方式。

然而，法律诊所教育定位不宜过高，应置于"嵌入式"实践教学的框架内，坚守初衷——通过服务社会公益培养学生的专业技能与职业道德。这意味着，实施法律诊所教育时，需强调理论与实践的平衡，确保学生在扎实的人文素养与专业的知识基础上，拓展实际操作能力。

法律诊所课程的设计应以提升学生能力为核心，依托不同的诊所类型。根据学习内容的不同，可以设立劳动者权益保护、消费者权益保护、公益诉讼、社会弱势群体权益保护、妇女权益保护、公民权益保护、环境法、民事、社区法律及综合性法律等多个专业的诊所课程。每种类型的诊所课程都围绕特定的社会需求，旨在培养学生的专项法律服务能力。

为了满足培养学生能力的需求，课程结构应包含一系列实用技能的培训，如会见客户、提供咨询服务、进行事实调查、开展法律研究、调解争议、谈判以及诉讼技巧等。这些技能的训练将通过理论讲解和实践操作相结合的方式进行，学生将在教师的指导下，直接参与真实的法律援助活动，如接待来访者、提供法律咨询、撰写法律文件乃至代理诉讼和非诉讼案件等。

此外，教师还将利用实验室等资源，组织学生进行小组讨论、定期进行个案辅导、旁听案件审理等活动，通过模拟真实情境的训练，帮助学生熟练掌握律师必备的技能，并深化他们对法律职业道德的认识。值得注意的是，尽管许多技能可以通过程序法教学、案例分析等方式学习，但法律谈判这一关键能力却难以在传统教学中得到充分锻炼，因此特别需要开设专门的法律谈判课程。

考虑到"律师的工作就是谈判"这一说法凸显了谈判技巧在法律职业中的重要性，尤其是在中国致力于构建多元化纠纷解决机制的背景下，法律工作者在未来的纠纷解决中将扮演更为重要的角色。因此，谈判能力成为决定纠纷解决成效的关键因素之一。为此，法律诊所课程中应率先引入法律谈判课程，内容涵盖谈判学与谈判技术、谈判心理学、谈判基本原则、诉讼与仲裁谈判、商业交易谈判等方面，旨在让学生掌握不同谈判场景下的策略和技巧，理解对方心理动态，从而增强他们处理实际问题的综合能力。通过这种方式，不仅能够提升学生的专业技能，还能为他们未来的职业生涯打下坚实的基础。

确定多样化诊所类型是实施诊所教育的首要任务。众多因素共同推动诊所类型的丰富多样。在挑选和运营特定诊所类型时，高校需要全面考虑这些因素，确保诊所教育的有效性和针对性。这不仅需要深入理解社会需求，还要结合高校的资源条件和教学目标，精心规划与设计各种诊所课程，以满足学生的学习需求和其他实际需求。

在美国，关于何种教育才能被称为真正的诊所式教育，人们的看法存在分歧。一部分人坚信，只有涉及"真实当事人"的教育项目，才能称之为诊所式教育，而其他形式则被视为次要的。然而，另一部分人则持更为开放的态度，他们认为，任何以案件分析和解决为核心，旨在培养律师职业技能和职业道德的教学活动，都应被视为诊所式教育。因此，从广义上讲，诊所式教育可以分为以下几种不同的类型。

第一，虚拟法律诊所。它是一种教学模式，完全基于模拟实践，不涉及真实当事人或案件。在这种模式下，学生在专业教师的指导下，通过模拟情景学习和练习法律实务技能。尽管如此，由于学生并未真正参与实际案件处理，虚拟法律诊所是否能被视为真正的诊所式教育，目前仍存在较大争议。

第二，真实当事人法律诊所。它亦称校内真实当事人诊所，是一种以法律院校为依托，通过学生与真实当事人互动，解决实际法律问题，以培养具备理性、负责任和专业化技能的执业律师的教育模式。此处所提到的"校内"并非局限于物理空间的校园之内，而是强调以法学院为核心，由法学院聘请的诊所教师负责管理和指导整个教学过程。这种模式旨在利用真实的法律实践机会，让学生在实战操作中学习与成长，为他们的未来职业生涯做好充分准备。

第三，校外实习诊所。它也被称为校外真实当事人诊所，与校内真实当事人诊所相比，其主要区别在于将学生送往校外法律实务机构，在经验丰富的法律专业人士的指导下参与实际法律事务，并据此获得学分。这种教学模式的优势在于，高校无需投入大量资源自行搭建诊所平台，只需与现有实务机构建立合作关系即可实现。然而，这种方式也存在一个挑战，即学校对在外实习的学生难以进行直接有效的管理和监督，这或许是校外实习诊所发展过程中需要克服的一个重要问题。

第四，街道法律诊所。或称它为社区诊所，是指学生深入街道、社区、学校、监狱、青少年法院等场所，通过角色扮演、模拟庭审、案例研讨及举办讲座等形式，普及法律知识，为弱势群体提供法律援助的一种模式。

目前，中国多数高校设立的法律诊所主要采用校内及校外真实当事人模式，即学生需与特定的真实当事人接触，解决实际问题。这种定位有助于清晰地区分法律诊所与其他形式的法律服务活动，比如面向不特定人群的法律援助、法律宣传等社区服务，以及完全基于模拟的实践教学。在中国，已有多种形式的实践活动在承担类似的任务，例如法律援助社团的活动和模拟实践课程等。通过明确界定法律诊所的模式，可以更好地发挥其在法学教育中的独特作用，为学生提供更加专业和有针对性的实践学习机会。

在我国，各类高校在法律诊所教育实践中探索出多种模式，但均在某些方面展现出一定的共性。绝大多数法律诊所以处理真实案件为核心，以学生法律援助机构为平台，通过开展法律咨询、纠纷调解、诉讼与仲裁等服务活动，既为社会弱势群体提供援助，又培养了学生的专业责任感和职业技能。因此，有人将其总结为：我国这类法律诊所的运作模式以真实案件和当事人为基础，借助学生法律援助机构，通过提供法律服务来实现教育目标。这种模式不仅助力学生全面发展，也为社会注入了积极力量。我国的法律诊所可分为内置型、外置型、模拟型。

（1）内置型诊所，即法学院内部设立的法律援助机构，学生在此平台上在教师的指导下为弱势群体提供无偿法律援助，从而实现教育目标。这是目前最广泛应用的模式，也被认为是最能提升学生实践能力和职业素养的方式。

（2）外置型诊所则依托于法学院以外的机构，学生在非教师身份的法律专业人士指导下，直接参与法律服务工作，处理实际代理事务。

（3）模拟型诊所则通过教师引导学生进行法律实务的模拟训练，旨在帮助学生掌握职业技能，提高职业道德水平。

此外，根据不同标准，中国的法律诊所教育还分为诉讼型与非诉讼型、综合型与专业型、校内与校外等。这些分类显示了我国法律诊所教育正向多元化发展，不仅建设和完善了内置型和外置型的真实当事人诊所，也建立了多功能、多类型的诊所模式。

值得关注的是，为充分利用教育资源，确保更多学生参与法律诊所学习，高校应建立统一管理下的多类型诊所体系。在此体系中，各诊所既共享资源，同时保持适当的独立性，确保整体协调一致，又能发挥各自的特色和优势。这不仅能增加以往少数学生参与诊所学习的机会，还能提升法律诊所教育的质量。

法律诊所教育的本土化建设旨在构建符合我国实际需求的教育模式。为应对实践中遇到的种种挑战，高校需要着重关注以下几个方面。

第一，为了保证法律诊所教育的顺利进行，高校需要构建完善的相关制度，并明确赋予诊所学生适当的办案身份。目前，学生在身份选择上面临困境，若以职业律师身份参与庭审，则违反现行规定；若以公民代理身份出现，又可能与其公益性质的法律援助产生冲突；而以法律服务工作者的身份参与，又缺乏司法部门的认可。因此，笔者建议通过制定政策，将诊所学生统一纳入司法局管理的法律援助体系之中，由司法局出具正式推荐信，确认学生在案件代理中的合法身份。这样既能解决学生身份的合法性问题，又能确保法律援助活动的规范性和有效性。

第二，加大对诊所式教育的投入，这对其发展至关重要。加大资金投入能满足实验室等配套设施的建设，还有对诊所学员的培训以及师资力量的提升等需求。为确保诊所教育质量，应制定独立的教师晋升制度和经费补贴政策，保证教师团队的多元化和高水平。具体来讲，指导教师在能力、知识结构、社会经验和生活阅历等方面都具备丰富的积累，从而实现教育目标的高效达成。通过这些举措，为诊所教育奠定坚实基础，推动其持续健康发展。

第三，为了确保诊所教育的质量，高校需要构建一套专门的课程评估体系和教学标准，以消除教育过程中的不确定性。这套体系不应只是简单地照搬传统评估模式，而应避免过度依赖标准答案或考试成绩来评价学习效果。反之，高校需要打造一个全面且主客观相结合的新型评估标准。这个标准不仅考查学生的理论知识掌握程度，同时还评估其实际操作能力、职业道德素养以及问题解决能力。通过这样的方式，可以更精确地反映学生在诊所教育中的实际表现，从而提升教学质量和学生能力。

第四，将法律援助、法律咨询、普法宣传、社区矫正等法治建设相关的校外实践活动融入法律诊所教育，能够丰富其内涵，使法律诊所教育不仅能提供法律诊断和代理服务，更肩负起社会责任，实现教育的根本目标。然而，诊所式教学本质上是教学活动，不能忽视理论学习和职业道德建设。因此，教学与实践应有机结合，既让学生在实践中学习和成长，又注重培养职业道德和社会责任感，全面实现诊所教育的目标。

第五，作为中国法学教育的重要模块，法律诊所教育与案例教学、模拟法庭、专业实习等实践教学方式共同构建多元化的教学体系。尽管在实验教学环节中，其定位为"嵌入式"教学模式，但法律诊所教育仍处于"虚拟、模拟、仿真、实践"这一过程的终端，与实习一同被视为实践教学的重要形式。法律诊所教育虽然在实际操作过程中面临诸多挑战，但随着制度的不断完善和实践的深化，将成为实践教学的核心力量。通过这一平台，诊所学员将成长为维护社会公正的骨干力量，为法治社会的建设做出更大贡献。为了确保法律诊所教育的可持续发展，高校需要从多个渠道拓展经费来源。一方面，可以通过社会捐赠、设立专项基金、申请政府拨款等方式，建立稳定的经费支持体系，为诊所学员参与援助活动提供坚实的财务保障。另一方面，诊所应高度重视自身的品牌形象和声誉建设，通过提供高质量的公益法律服务，赢得良好的社会口碑，从而吸引更多资源和支持。

六、分析课外实践形式

丰富多彩的课外实践活动在法学实践教学中扮演着重要角色，它们不仅有助于学生锻炼法律职业技能和学习职业伦理，还能丰富校园文化。这些活动包括法律咨询、法律援助、普法宣传、社区矫正以及辩论竞赛等。其中，法律援助尤为重要，被视为法学实践教学的重要组成部分。

在中国，法律援助不仅是政府保障公民合法权益的责任，还具有全社会及法律服务者共同参与的社会公益属性。因此，在推进以司法行政机关为核心的法律援助中心建设的同时，还应鼓励和支持各类社会组织和个人积极参与力所能及的法律援助工作。通过整合政府和全社会的力量，可以扩大法律援助的覆盖面，提高服务质量，更好地满足人民群众的法律需求，促进社会公平正义。

（一）法律援助在实践教学中扮演的角色及其独特特征

在我国的法律援助体系中，政府主导的法律援助机构占据主导地位，民间公益组织则作为有益的补充。在这种背景下，众多高校法律院系充分利用自身的知识优势，纷纷建立法律援助机构，以缓解法律援助需求与实践场所供给之间的紧张关系。现阶段，我国高校法律援助机构呈现出以下几个显著特征：

(1) 灵活性。高校法律援助机构以其独特的优势，为我国的法律援助事业贡献力量。相较于政府法律援助机构，高校法律援助机构在运作机制上更具灵活性，它融合了民间社团的特质、深厚的知识底蕴以及非营利的公益性质。在资金筹集方面，高校法律援助机构展现出多元化和灵活性的特点，不仅依赖于政府拨款，还能通过社会捐赠、基金会资助、企业赞助等途径筹集资金。这种灵活性赋予高校法律援助机构更大的自主性和可持续发展能力，使它能更快地响应社会需求，提供更丰富、更灵活的法律服务。

(2) 人才优势。高校法律援助机构的一大特色便是人才优势。相较于一般的社会团体法律援助机构，高校法律援助机构汇聚两类人才：一是经验丰富的专家教授，他们具备深厚的法学理论功底和丰富的实践经验；二是充满热情的学生，他们以良好的风气、正直无私的态度和对公正的执着追求为机构赢得良好的社会声誉。这种独特的人才组合不仅能提升法律援助服务的质量，还可以为学生们提供宝贵的学习和实践机会。因此，高校法律援助机构在社会上享有极高的评价，成为一道独特的风景线。

(3) 高校法律援助机构与法律诊所之间有着紧密的联系。有些高校将法律援助机构和法律诊所合二为一，而另一些高校则将法律援助机构特指为除法律诊所外的其他组织。在明确区分这两种机构的情况下，法律援助社团能够有效弥补法律诊所教学的不足。

法律援助社团与法律诊所的学员可以参与相似的活动。由于社团的开放性，它吸引了更多成员参与各种法律援助活动，从而积累实践经验。这在一定程度上解决了法律诊所因规模限制而导致受众较少的问题。有人认为，从法律援助社团与法律诊所的关系来看，法律诊所可被视为法律实践教育的深化平台。社团成员中的优秀者可以进入诊所接受更专业的培训，复杂的案件则由诊所处理。而法治宣传、社区矫正等公益服务活动则可以由社团和诊所共同开展，甚至联合行动。

法律诊所作为精英型、实践型人才培养基地，法律援助社团则作为普及型实践能力锻炼平台，两者相辅相成。通过社团的开放性扩大诊所教育的受益面，既能减轻教师的工作负担，又可以确保诊所教学目标的实现。课外实践活动在这一过程中发挥了重要作用，实现了理论与实践的有机结合，提升了学生全面发展的能力。

（二）法律援助在实践教学中面临的挑战与应用策略

法律援助是一项公益事业，其核心目标是实现社会效益，而法学实践教学成果则为其附带产物。然而，当前对法律援助机构的教学价值认知存在不足，导致其管理体系不够完善。这些机构通常仅能得到学校学生处、团委、教务处或相关院系的有限支持，却难以获得司法行政机关的引领与协助。因此，法律援助的推进难以与政府支持的法律援助事务顺利接轨，造成大量人才资源的闲置。

法律援助的核心价值在于，通过为弱势群体提供免费的法律服务，助力弱势群体维护自身的合法权益，推动社会公平正义的实现。尽管法学实践教学带来了附加价值，但这一价值尚未得到充分认可。因此，法律援助机构往往缺乏系统的管理体系，主要依赖校内各部门的零星支持，无法获得司法行政机关的专业指导与支持。这种状况既限制了法律援助工作的有效推进，也对学生在法律实践中的学习效果产生影响，未能充分调动高校人才资源，发挥其在法治建设中的潜力。

尽管高校法律援助机构的成员在理论知识方面具备较高水平，但由于实践经验不足，他们往往难以胜任法律援助事务。这种理论丰富、实践不足的现象导致法律援助服务质量不高。据调查，曾接受过高校法律援助咨询的当事人对学生法律服务的满意度仅为50%。这表明，尽管高校法律援助机构在知识层面具有优势，但在实际操作中仍存在明显的不足，亟须通过增加实践锻炼和专业指导来提高服务质量和效果。

高校法律援助机构在满足社会需求方面存在明显不足，主要体现在两个方面：一是学生办案能力有限，难以获得当事人的充分信任；二是受经费和人员稳定性等因素的制约，机构难以充分发挥作用。由于学生缺乏实际办案经验，他们在处理法律援助案件时往往显得不够专业，这直接影响当事人对高校法律援助机构的信任。经费短缺导致许多本应受理的援助案件不得不被放弃。此外，人员流动性大也是一个不容忽视的问题。许多学生加入法律援助机构主要是出于个人学习和实践的需要，一旦经过培训和锻炼达到一定水平后，往往会因为就业、升学等原因离开，使得机构更像是一个短期的人才"孵化器"。这种高流动率不仅阻碍人才培养的连续性，也使得机构难以维持稳定的高水平服务，难以完全实现其法律援助的使命。

（三）推动法律援助活动的发展：提升公民权益保障水平

为了改进法律援助活动中存在的问题，我们可以从以下三个方面进行改进：首先，加强司法部门的指导与管理。推动司法部门加强对高校法律援助机构的指导和管理，根据高校的特殊性制定有效的管理措施，以促进其健康发展。除了与当地司法行政部门加强合作外，还应促进各类法律援助机构之间的交流与合作，包括非高校法律援助团体和其他高校法律援助团体。通过与合作机构签订合作协议，共享资源，交流经验，不仅能提升案件处理质量，还能在异地办案时减少不必要的花费，避免资源浪费。

其次，加强法律援助服务人员的培训。将法律援助服务场所视为实践教学的重要部分，强化对学生的培训和指导，以提升法律援助服务的质量。通过将实践教学与理论教学有机结合，学生能在实际操作中巩固理论知识，提高解决实际问题的能力。

最后，优化人员结构，建立激励机制。由于高校法律援助机构人员流动性较大，影响服务的连续性和质量，因此，优化人员结构，保留一部分稳定的核心成员至关重要。这些核心成员可以担任学生的指导老师，系统地培训学生的办案能力；同时，他们还可以直接处理部分案件，确保法律援助的实效性，提升机构的社会声誉。此外，对于积极参与法律援助服务的学生，应给予适当的激励，以保持他们的积极性和参与度。

除此之外，各高校还应积极引导学生参与法治相关的实践活动，如支持法律实践类社团的建设，组织学术讲座、学术沙龙等活动，进一步丰富学生的法律实践经验，提升他们的综合素质。通过这些综合措施，可以有效提升高校法律援助机构的服务质量和影响力。

七、毕业实习分析与探讨

各高校在毕业实习的安排上普遍采取集中实习与分散实习相结合的方式，并力求增加集中实习的比例，以保证更多学生能够深入实习过程。然而，这两种实习方式各有利弊，同时也面临着不同的问题和挑战。尽管各高校因地理位置和办学水平的差异，所遇到的具体困难各异，但全国范围内高校在学生毕业实习中所面临的难题类型却具有高度的一致性。集中实习和分散实习在实施过程中均存在一些问题。

集中实习虽然便于管理和监督，但实习单位资源有限可能导致分配不均，进而影响实习效果。相较之下，分散实习虽然提供了更多的实习岗位，但管理和监督难度较大，可能导致实习质量参差不齐。此外，不同性质的实习单位也会给毕业实习带来不同的挑战。例如，政府机关和大型企业虽能提供规范的实习环境，但竞争激烈、名额有限；而中小企业虽易于接纳实习生，却在培训和指导方面可能存在不足。

（一）职权部门实习基地现状与问题：以公检法司为例

集中实习对于在公检法司单位实习的学生来说，无疑是一种全面拓宽职业视野的好方式，也能让他们提前规划自己的职业道路。这样的实习既有助于他们深入理解理论知识，也能让他们亲身体验案件处理的实际流程和操作。然而，要想实现这种实习方式并非易事，因为会受到诸多客观因素的制约。

一方面，为了保证实习的高质量，实习基地最好能靠近学生的学校所在地，如位于同一省份或相邻地区，这样便于教师对学生进行专业指导。另一方面，虽然这种实习模式有助于提升学生的认知能力，但并不能直接帮助他们找到工作。许多实习生反映，在实习期间他们大多从事如整理档案等简单的事务性工作。此外,实习基地也面临一系列挑战,例如解决学生的食宿安全问题,以及提供充足的专业指导等。解决这些问题的难度往往受到经费预算和人力资源的限制,导致实习基地能接纳的学生人数相当有限。因此,尽管集中实习有诸多优点,但提升其实习容量和质量仍需克服诸多难题。分散实习与集中实习的效果相近,但在管理和指导方面存在较大挑战。尤其在毕业实习时间安排上,往往与研究生入学考试、公务员考试及司法考试等重要时间点重叠,给学生带来不少困扰。他们在备考与实习之间抉择,部分学生为专注备考,对实习采取敷衍态度,甚至弃实习于不顾。此类学生更倾向于选择管理宽松的分散实习,仅凭实习证明完成任务,忽视实习质量。此现象的成因有两方面,一是实习单位数量有限,难以满足所有毕业生的实习需求,高校只能鼓励学生自主寻找实习机会。二是就业市场压力巨大,实习及教学活动需服务于学生的就业目标。在此背景下,毕业实习不得不为就业让路,分散实习因此变得不可或缺。

无论是集中实习还是分散实习,学生在公检法司部门均面临实习内容浅显、实用性不足的问题。实习生的角色更似"临时工",主要负责打印、复印、整理案卷等辅助性工作,鲜有机会参与实际业务,这对提升学生的专业技能和职业素养显然是远远不够的。

(二)律师事务所实习基地现状与挑战分析

律师事务所作为法学专业学生实习的主要场所,相较于公检法司单位,具有显著的优势。在律所实习,学生能够接触到更加多样化的诉讼案件,而相比之下,检察院的实习生通常只能接触到与检察职能相关的刑事案件,法院的实习生则依据被分配到的法庭类型来决定所能接触到的案件种类。律所的实习生能够全面了解案件处理的各个阶段,从立案到结案的全过程,而且还能在此过程中学习到文书写作技巧,这有助于他们对整个办案流程有更深入的理解,且对他们的专业成长极为有利。此外,律所提供的非诉讼业务实习机会也是其一大亮点。这些机会能让学生充分展现个人的主动性和创造性,帮助他们在更广泛的法律领域内进行探索和思考,包括但不限于合同审查、企业合规咨询等。这些经历不仅能拓宽学生的视野,还可以提升他们解决复杂纠纷的能力,培养多元化的解决问题思维。更重要的是,由于律师事务所的私营性质,它们在实习过程中可以更好地评估实习生的表现,为未来的招聘提供参考。这意味着,对于那些表现优异的实习生而言,律所实习不仅仅是一次学习的机会,还可能是通向职业发展的桥梁。因此,选择在律所实习,不仅可以使学生在法律实务方面得到全面的锻炼,还有助于解决就业问题,实现学习与就业的双赢。综上所述,律师事务所为实习生提供了广泛且深入的学习平台,是一个既能促进学生专业知识增长又能为其职业生涯铺路的理想选择。

尽管在律师事务所实习拥有相较于公检法司系统无可匹敌的优势，但在实际执行过程中，依然面临诸多挑战。这些挑战不仅影响实习的质量，也在一定程度上限制了学生的学习和成长。

非诉讼业务，如审查合同和出具法律意见书，作为律师事务所的核心业务之一，对律师的专业水平和实践经验要求极高，且注重效率。因此，这类业务通常不适合实习生参与，因为他们缺乏经验，在学习过程中可能出现失误，影响业务的顺利推进。尽管非诉讼业务在法律实践中占据重要地位，但实习生对于此类业务的接触和锻炼机会相对较少。

涉及商业机密或个人隐私的案件，通常不适合实习生参与。这不仅是因为这些案件的保密要求，还因为它们往往具有连续性和整体性的特点。实习生在律师事务所的时间通常只有几个月，有时甚至更短。而涉及商业实体的案件，往往是律师事务所与客户长期合作的结果，需要持续关注和深入了解。如果让实习生参与这类案件，不仅会因实习生的流动而导致案件处理的连贯性受损，还可能影响律所与客户之间的长期合作关系。因此，出于保护客户利益和维护业务稳定性的考虑，这类案件一般不会交给实习生处理。

指导律师的专业领域对实习生有显著影响。由于律师事务所处理的案件类型繁多，每位律师都擅长某一特定领域，因此，实习生的实习内容和业务范围主要取决于指导律师的专业特长。在这种情况下，实习生可能难以全面地接触到各类法律业务。

在高校实习安排中，学校明确设定学习目标和期望，希望实习生通过实习掌握特定知识和技能。然而，学生在实习过程中遇到的法律案件的不确定性较大，导致学生所学内容难以完全符合学校标准，从而使实习收获与期望存在偏差。实习期间的指导教师也是关键因素之一。

实习指导老师并非学校的正式员工，他们对实习生的指导取决于个人的职业道德和社会责任感。富有责任心的指导老师会投入时间和精力，认真指导实习生，帮助他们快速成长，积累宝贵实践经验。反之，缺乏责任感的指导老师可能无法给予实习生足够的关注和支持，导致学生在实习期间浪费时间，收获甚微。因此，实习生能否得到有效指导和学习机会具有较大不确定性，这对实习的整体效果构成挑战。为提高实习质量，应在实习安排中加强指导教师的管理和培训，确保实习生得到充分关注和支持。

（三）企业实习基地现状与挑战：从企业单位视角出发

将企业作为法学实习生的实践基地，这一构想面临不少挑战。一方面，普通企业对法律专业知识的需求多为辅助性质，难以提供适合法学专业学生全面学习和实践的岗位。另一方面，对于需要高度专业性和连贯性的特殊领域，比如专利代理、商标注册、破产清算等，实习生的参与不仅不易融入现有工作流程，还可能因经验不足而影响工作效率。从学生的角度出发，选择企业实习的学生比例较低，多数法学专业的学生倾向于毕业后进入公检法机关或律师事务所工作，这主要是由于就业观念以及对企业的认识不够全面所致。

这种现状不仅限制了法学专业学生在经济建设中发挥更大作用的可能性，也反映出法学教育与市场需求之间存在一定的脱节。法学专业学生对自身专业价值的理解较为单一，认为只有在传统法律领域才能体现自己的专业价值，这是导致目前企业实习难以普及的关键因素之一。为了打破这一僵局，需要从多个层面入手，包括调整学生的就业观念，增强他们对企业法律需求的认识，同时鼓励企业开放更多适合法学实习生的岗位，促进理论与实践的有效结合，从而更好地实现法学教育服务于社会经济发展的目标。

在系统化的实践教学体系中，实习不仅有助于法学专业学生理解和掌握理论知识，提高特定技能，更是一个全面提升的过程。这个过程旨在让学生在实际工作中运用和深化在校期间积累的理论知识和应用技巧，根据职业规划为未来职业生涯奠定坚实基础，这也是"3+1"学制模式的核心要求。在实施过程中，需充分考虑各高校的实践教学资源，最大限度地利用有限的实习基地，确保实习基地的教育价值得以充分发挥。此设想接近理想状态，期望通过这种设想，为法学实践教学发展指明方向。

高校将实习基地视为支持实习顺利进行的硬件设施，实习制度设计则为保证其实效性提供软件支持。为实现实习基地的最大化利用，实习制度设计应遵循基本原则。高校可以参考国内外成功案例，结合实际情况，合理调配资源，优化实习制度，以达到最佳实习效果。这不仅有助于提高学生的实践能力和就业竞争力，还能促进法学教育与社会需求的紧密结合。

（四）在教学大纲中确立实习环节的重要性

全球范围内，法学专业的实习在各个国家和地区的看法和实践方式存在较大差异。在遵循大陆法系的国家，如德国，实习被视为法学教育的核心环节，受到高度重视。汉堡大学等知名法学院甚至将专业实习作为必修课程，强调其在学生职业准备阶段的重要性。然而，在英美法系国家，关于实习是否应计入学分、是否应作为必修课程，各方观点和实践并不一致。例如，耶鲁大学法学院将实习设置为选修课程，而纽约大学法学院则将实习视为一种教学模式而非独立课程。

英美法系国家采取这些措施，并非出于对实习价值的轻视，而是与其法律体系的特点密切相关。英美法系强调判例法的应用，广泛采用案例教学法和法律诊所教育，这些教学方法在一定程度上替代了传统意义上的专业实习，使学生在课堂内外都能获得丰富的实践经验。可以说，在英美法系国家，整个学习过程本身就是一种持续的实习体验。

我国的法学教育首先注重对成文法逻辑的深入理解和熟练掌握，进而将这些知识应用于实际操作。因此，教学过程并非始终聚焦于应用型训练，而是在理论学习的基础上，适时融入认知型和技能型的实践教学环节。实习作为法学教育的终极实践阶段，不仅使学生从理论走向实践，而且实现了实践反哺理论的二次提升，从而丰富和提升学生的综合能力。由此可见，实习的重要性不言而喻。高校应将其纳入必修课程体系，确保每位学生都能获得高质量的实习体验。为防止实习过程因就业、升学等外部压力而趋于形式化，高校有必要将实习纳入必修课学分管理体系，明确其在法学教育中的核心地位，从而从根本上加强实习质量的保障机制。

（五）构建教学管理配套实习制度以提高实践能力

1. 调整实习时间安排以适应个人需求

德国汉堡大学法学院的实习模式分为两个阶段，即入门实习和深入实习，分别在假期中进行，时长分别为4周和9周。这种分阶段的实习安排既能让学生逐步适应职场环境，又能确保实习质量。相比之下，我国大部分高校的实习时间安排存在明显问题，与学生的升学、就业、司法考试等重要时间节点存在冲突，严重影响实习质量。

理想的毕业实习时间应为第六学期结束后的暑假，此时学生已完成大部分专业基础课和主干课程的学习，距离就业和升学还有一个学期的缓冲期。然而，国家统一司法考试向在校学生开放，并定在第七学期开学初举行，大部分学生会在第六学期结束后的那个暑假全力备考。司法考试的通过率不仅是影响学生个人前途的关键，也成为衡量法学院校声誉和教学质量的重要标准之一。因此，原本安排在第六学期暑假的实习变得不合时宜。

为应对这一挑战，许多高校将实习时间推迟到司法考试后，即从第七学期开学后的10月持续到该学期期末。然而，这段时间正值研究生入学考试和求职高峰期，各大银行的招聘、部分省份的公务员考试、大型企业的招聘等纷纷启动，研究生入学考试则在第七学期期末的元旦之后举行，这样的时间安排进一步增加了实习形式化的风险。对于那些准备考研或积极求职的学生，学校无法以牺牲就业率和升学率为代价强制执行实习，结果导致分散实习，甚至虚假实习成为常态，真正能够坚持集中实习的学生比例不到四分之一。为解决这些问题，高校可以借鉴国外分阶段实习的做法，将实习时间"化整为零"，并与教学计划紧密结合。具体来说，可以设计为三个阶段的实习方案。

第一阶段，专业认知实习。在学生大学第一学年结束的暑假，可以安排为期至少4周的认知型实习。这一阶段的实习旨在帮助学生初步了解法律职业，增强对法律实务的感性认识。为了更好地实现这一目标,教学计划需要做出相应的调整。例如,在大学第一学年下学期开设刑法和刑事诉讼法课程时,可以在暑假安排学生前往检察院或法院的刑庭进行实习。这样做的好处有两方面:一方面,刑事法律相对民事法律来说更加集中,基础理论要求相对较低,更适合初学者入门。另一方面,实习基地主要集中在法院,通过刑事方向的实习,学生可以在较短的时间内对诉讼法和实体法有较为系统地了解。此外,通过观摩法庭审理和参与案例讨论,学生可以更直观地理解法律条文的实际应用,加深对法律知识的理解。具体来说,教学过程中可以增加观摩法和案例教学等方法,让学生在课堂上就能接触到真实的法律案例。随后,在暑假期间的实习中,学生可以将课堂上学到的理论知识与实际操作相结合,进一步巩固和深化对法学知识的理解。这种方式不仅有助于学生更快地适应法律职业,还能为后续的深入学习打下坚实的基础。

第二阶段,专业技能实习。建议安排在学生大学第二学年的暑假。为了确保实习质量,教学计划需要进行相应调整,使民事实体法和程序法主干课程在第二学年结束前基本完成。这样一来,知识产权、国际法、行政法等课程可以推迟到第三学年学习。这样安排的目的是让学生在第二学年集中精力学习民事课程,为暑期的大规模能力型专业实习做好准备。在学生掌握扎实的民事实体法和程序法知识后,在第二学年的暑假进行综合实习显得尤为重要。这次实习不仅是对理论知识的检验,更是对综合能力的全面提升。实习能帮助学生从理论走向实践,进一步巩固和深化对法律知识的理解与应用。为了充分发挥实习的价值,学校应将其视为等同于传统毕业实习的重要环节。因此,集中实习应作为主要形式,确保每位学生都能获得充足的实习机会。集中实习不仅提供系统、全面的实践训练,还能确保实习质量和效果,帮助学生更好地适应未来的法律职业。

第三阶段,职业认知实习。在法学教育的第三阶段,高校精心设计一段为期4周的职业认知实习,该实习通常安排在第六学期期末前。此安排要求对教学计划进行适当调整,将一个月的教学时间转换为实习专用时段。这一变更并非旨在缩短总教学时长,而是通过每周增加课时,确保完成既定的教学任务。进入第三学年,课程设计旨在帮助学生构建全面的法律知识体系,涵盖《知识产权法》《经济法》等深化课程。这些课程与民事法律的基本原理及诉讼法相互关联,难度适中,更注重知识的传授。同时,第六学期的课程数量减少,公共基础课程已完成,专业核心课程也相对有限,因此通过增加周课时来安排实习时间是切实可行的。此次实习安排充分考虑了学生的实际需求和未来规划。一方面,它保障学生在暑假期间备考司法考试不受干扰;另一方面,它作为一个兴趣驱动的职业探索机会,为学生的职业规划和毕业论文选题提供重要支持。在这个阶段,学生可以在系统学习法律知识的基础上，根据个人职业规划选择实习单位，体验不同的职业道路。这不仅有助于他们更清晰地规划未来职业路径，也有助于确定升学方向和论文主题。此次实习的重点不再局限于专业知识和技能的提升，而是更加注重职业体验，具有更强的针对性和实践意义。通过实习，学生能够积累宝贵的职业经验，明确个人职业兴趣和能力，为未来职业发展奠定坚实基础。总之，通过这种分阶段的实习计划，高校能确保每位学生在本科阶段至少获得4个月的实习经历，并保证每一段实习都能有效执行，从而在制度上确保实习的质量和成效。这不仅丰富了学生的实践经验，也为他们的职业发展提供了强有力的支持。

2. 多样化实习方式助力个人成长与发展

在国外，大多数法学院倾向于让学生自主选择实习机会，他们认为，实习环节与理论教学有异，更需强调学生的自主性。赋予学生自主选择权既能避免强制安排带来的问题，又能激发他们积极参与实践的热情，同时使其充分发挥个人优势。随着招生规模的不断扩大，实习基地的容纳能力却未能同步增长，因此在现实中，全体学生强制安排实习的做法面临诸多困难。于是，学生自主选择实习的模式逐渐成为主流。

在实习过程中，法学院主要扮演机会提供者的角色。以耶鲁大学法学院为例，该院设立专门的实习基地，为学生提供丰富的实习机会。这些基地涵盖多个法律领域，有助于学生根据兴趣和职业规划选择合适的实习单位。

（1）在"嵌入式＋集中式"实践教学模式的指导下，三段式实习计划旨在分阶段深化学生对法学领域的认知与技能掌握。以下是该计划优化后的具体描述：学生在专业认知实习阶段，通过分散实习的方式回到户籍所在地，接触法律工作的实际环境。这一阶段的核心目标是让学生初步了解法律职业的基本情况，培养他们对法学的兴趣和责任感。此时，实习内容不追求高度专业化，而是鼓励学生自主探索和体验。在此阶段开始之前，高校需进行全面动员，明确实习目标，激发学生的积极性和学习热情。专业技能培训阶段转向对学生业务能力的集中提升。这一阶段采用集中式实习，确保每位学生都能接受统一而高质量的培训。若学校资源有限，混合型实习方案也是一个可行的替代选择。关键在于配备专业的指导教师，他们在巩固学生课堂知识的同时，传授实际操作技巧和法律思维方式，并关注学生的心理成长，指导他们面对社会现实，为未来的职业生涯做好准备。这一阶段的实习对学生长远发展至关重要，因此必须确保教师队伍的质量和提供的支持。在职业探索实习阶段，重点是拓宽学生视野，鼓励他们主动尝试各种法律相关职位。这一阶段强调个人选择和主动性，学校则扮演促进者的角色，根据学生的兴趣和需求，在校内外合作平台上寻找合适的实习机会。这些机会可能涵盖律师事务所、企业法务部门、公证处等多个领域，让学生接触更广泛的职业路径。通过这样的实习体验，学生能够在毕业前更好地规划自己的职业领域，并为步入职场积累宝贵的经验。总之，三段式实习计划不仅助力学生逐步构建坚实的法学知识体系，而且在实践中不断成长，为成为一名合格的法律从业者奠定坚实的基础。

（2）除了传统的实习基地模式外，利用仿真实验也是一种有效缓解实习资源紧张，同时实现实习目标的方法。例如，可以开展律师事务所仿真实习、公检法司仿真实习以及企业运作仿真综合实习等多种形式的实习。其中，企业运作仿真综合实习通过创建一个模拟的企业运营环境，让学生在这一虚拟场景中运用已有的专业知识，进行企业运营的模拟练习，以此加深学生对企业运行机制的理解。这种方式的最大亮点在于，它能促进跨学科学生的广泛参与，尤其是在模拟的企业环境中，法律环境成为一个不可或缺的部分。

在具体实施时，可以将法律工作者的角色融入其他专业的模拟活动中，比如在 ERP 模拟沙盘实训（ERP Simulation Game）中增加法律工作者的角色设定。这样做不仅能够让学生在一个更加真实的商业环境中进行学习和实践，还能帮助他们理解法律在企业运营中的重要性，以及如何在实际工作中应用法律知识。通过这种方式，学生不仅能够在理论知识上有所收获，还能在实际操作能力和团队合作等方面得到锻炼，为将来步入职场打下坚实的基础。

EPR 沙盘模拟是一种综合性实训活动，旨在模拟企业运营过程，帮助参与者深入理解企业管理原则并提升管理技能。通过设定一系列规则，模拟企业面临的内外部环境，参与者分组扮演不同角色，共同经营一个模拟企业，与其他竞争企业在模拟市场中展开竞争。在这次活动中，参与者将亲身体验五到六个经营周期的企业经营过程，包括市场分析、战略规划、新产品开发、市场营销、生产组织以及财务管理等重要环节。每个模拟企业团队由总裁（CEO）、财务总监、营销总监、生产总监和采购总监组成，必要时还可增设财务助理一职。

EPR 沙盘模拟作为一种集管理、会计、营销等多学科于一体的综合性企业仿真训练，已成为一种成熟且被高度评价的实验方式。在此基础上，引入法学元素，如设置法律顾问角色，是深化企业仿真模拟中法律实践教学的关键一步。具体来说，法律顾问将参与模拟企业的整个生命周期，包括企业设立时的法律文件准备、运营期间的合同风险评估，以及企业面临破产时的清算程序等环节。这种做法不仅不会影响 EPR 沙盘模拟的整体连贯性，反而能增强决策的全面性和科学性，促进法律与商业实务的紧密结合。

然而，这一创新也带来了新的挑战。它可能会增加 EPR 沙盘模拟的操作难度，要求评审体系中纳入法律事务的考量标准，同时，指导教师队伍中也需要增加具备法律背景的成员。这表明，构建这样一个综合性的实验平台是一项复杂而庞大的任务，需要各方紧密合作，共同致力于实现最佳的教学效果。

对于综合性大学而言，这种模拟实习形式不仅能够实现法学与商科专业的深度融合，还为法律人才更好地服务于市场经济提供了新的路径。同时，它也为解决法学专业学生在企业实习中遇到的难题提供了一种解决方案，通过仿真模拟的方式，突破了企业用人方面的限制，为学生的全面发展创造条件。

3. 优化分散实习模式及加强监管策略

三段式实习计划虽然允许学生进行分散实习，但对这种实习方式提出了严格的要求，确保每个阶段的实习场所都能满足相应阶段的学习目标。在专业认知和专业技能提升阶段，学生应选择与法律专业密切相关的实习地点，如法院、检察院、律师事务所等；而在职业认知阶段，则鼓励学生选择更为多元化的实习环境，如律师事务所、企业法务部门、公证处等。

为了保证分散实习的质量，学校必须加强对实习过程的管理和监督。这包括建立一套完善的实习效果评估体系，注重实习全过程的动态监管。具体措施如下：

在实习前，学校要求学生提交详细的实习申请，包括对拟实习单位的基本情况介绍、实习计划及预期成果等，经学校审核通过后方可进行实习。

在实习过程中，实施严格的监管措施，如定期提交实习简报、保存实习照片和视频记录、与实习基地导师保持定期沟通等，确保实习活动按计划顺利进行。

在实习结束后，建立科学的评价机制，评价内容不仅限于简单的总结或日志，还要要求学生根据实习阶段的不同，提交具有针对性的成果。例如，在专业认知阶段提交模拟判决书，在专业技能阶段提交案例分析报告，在职业认知阶段则以毕业论文的形式展现实习成果。这样的安排能够有效检验学生的实习效果，激励学生认真对待实习。

此外，还应建立健全实习资料的利用制度，充分发挥实习资料的价值。这包括但不限于利用优秀实习单位的信息扩展学校的实习基地网络，将实习中积累的真实案例融入日常教学，以及通过分享学生的实习心得和成长经历，为后续的学生提供实习前的动员和支持。通过这些措施，可以进一步提升实习项目的整体质量和学生的实际收益。

4. 毕业实习与毕业论文一体化评价体系探究

在实习的最后一个阶段，引导学生根据兴趣选题至关重要。在毕业论文的选题上，高校应鼓励学生在实习过程中发现并确定论文方向，或依据自身研究兴趣选择合适的实习单位。这种方式能确保实习内容与毕业论文的紧密关联，有助于学生在实习期间掌握搜集写作材料、准备论文撰写、明确研究主题和进行创作等关键技能。

实习不仅是让学生将理论应用于实践，更是让他们在实践中发现问题、运用理论知识解决问题的过程。在这种循环往复中，学生能深化对专业知识的理解，实现理论与实践的紧密结合，从而提升他们的认知水平。因此，实习并非仅仅完成一项任务，而是学生从实践中学习、成长和提升的重要环节。

5. 构建实习生激励策略以提高工作积极性和成效

为了提升实习生的学习动力和激发指导教师的责任感，高校应建立一个双向激励机制。一是对表现优秀的实习生，高校应给予表彰和奖励，以激励他们的积极性和创新精神。二是与实习基地携手，为校内外的实习指导教师提供精神和物质双重奖励，以充分肯定他们在实习生培养过程中的辛勤付出和重要贡献。这样的机制将有助于提高实习教学质量，同时增强实习生的学习动力和指导教师的责任感。

6. 加强毕业实习物质保障，提升教学配套设施完善度

（1）实习经费的充足程度直接影响实践教学的效果。无论是实践教学设施的建设和维护，还是实践教学活动的开展，都需要资金支持。虽然一次性的大额投资能暂时解决问题，但长期来看，持续的资金需求才是实践教学面临的最大挑战。尤其在实习环节，资金的重要性不言而喻。

在案例教学、庭审观摩、模拟法庭和诊所式教育等活动中，初期的资金主要用于搭建固定设施，如实验室和诊所，这部分投入相对固定，一旦完成，后续的运营成本较低。然而，对于常规实习活动，情况就截然不同。接收实习生的单位往往会收取一定的管理费，自建实习基地同样需要成本。此外，还需为实习生提供交通、住宿和餐饮等补贴。虽然单个实习生所需的资金不多，但随着实习人数的增长，总成本将会迅速上升，导致实习经费需求远超预算。因此，如何多渠道筹集实习经费以及合理使用经费，成为高校实践教学中亟待解决的问题。诊所式教学因其独特性，能通过基金会、社会捐款和专项拨款等多种途径获得资金支持，且由于规模较小、公益性强，资金使用效率较高。相比之下，常规实习涉及范围广、参与人数多，获取外部资金的难度较大。

因此，高校应积极探索与实习单位的合作模式，通过签订合作协议，将部分经济负担分担给实习单位。同时，要确保实践教学专项经费的合理分配和使用，专款专用，以激发师生参与实践教学的积极性。

（2）在法学教育中，实践教学占据举足轻重的地位，它通过虚拟、模拟、仿真和真实实践相结合的方式，为学生提供了一种贴近实际工作场景的学习体验。其中，实习与诊所式教学作为实践教学体系中的核心环节，被视为金字塔的顶端，对于培养应用型和复合型法律人才至关重要。为了确保这种高质量的实践学习能够顺利进行，稳定的实习基地建设显得尤为重要。随着市场经济体制的发

展,过去那种单位无条件接受毕业生实习的情况已不复存在,联系合适的实习单位成为一个挑战。而选择什么样的实习单位,以及这些单位能提供的实习环境和条件,直接关系到实习的质量和效果。因此,构建稳定且优质的实习基地成为保障实习质量的关键措施之一。

目前,一些院校已经在这方面进行了有益的探索,并形成两种主要模式:一是共建合作。学校与相关单位建立合作关系,共同创建稳定的实习基地。例如,与人民法院等机构建立长期合作关系,不仅让学生能够在真实的司法环境中完成毕业实习,还促进了双方资源的共享与互补。二是自主创建。院校自身设立法律咨询中心或服务中心,既为社会提供无偿的法律援助,也为学生提供了固定的实习场所。这种方式使得学生能够在实践中学习,同时服务社区,实现理论与实践的紧密结合。为了进一步完善法学实践教学体系,还需要不断巩固和发展现有的实习基地,适应新的形势变化,开拓更多样化的实践基地类型,以满足学生的不同需求。在此背景下,"嵌入式+集中式"的实践教学模式应运而生,旨在将案例分析、观摩学习、诊所式教学、模拟法庭及法律援助等多种形式融入日常教学中,促进学生对法律知识的理解和运用能力的提升。此外,系统化的实验教学平台也是不可或缺的一部分,包括但不限于虚拟网络平台、模拟实验室、仿真实验室以及各种类型的实践基地。这些平台不仅服务于理论教学,更为重要的是,它们为学生提供了一个可以反复练习和探索的空间,有助于培养学生的实践能力和职业素养。

总之,建设一个系统化、全面化的法学实践教学体系是一项复杂但意义深远的任务。笔者希望能够引发更多关于实践教学体系建设的讨论,并推动其不断发展和完善。

第五章　高校法学实践教学支撑体系与运行体系构建研究

第一节　高校法学实践教学支撑体系的构建

构建三层次法学实践教学培养模式需要先逐步建立一个合理的法学实践教学体系。该体系的指导思想是以培养法学综合能力和素质为主线，贯彻以人为本的教育理念，以提升学生的创新能力和实践能力为核心。从多个角度和层面构建一个规范、完善、合理的实践教学体系，旨在实现法学本科应用型人才培养目标。

一、构建法学实践教学的课程体系

为了改善课堂教学过多、实践教学不足的问题，高校需要构建模块化课程结构和弹性学制，并加大对实践教学的改革力度。这一改革的指导思想应立足于我国自主创新对创新型人才培养的需求，通过综合分析学生的知识、能力和创新要素，构建一个以学生为中心、满足个性化需求的跨学科立体化实验教学课程体系。该体系应以培养目标、专业需求、知识积累和发展兴趣为导向，促进学生的自我设计和自主学习。在法学教育中，实践和实习环节至关重要。为确保全日制法律教育系列的法学专业学生能够接触到真实的法律实践操作，高校需要统一协调行动，实现法律理论、知识、价值与实务、纪律、操作的全面贯通。法学教育的关键目标之一是为热衷于法律实务的人提供严谨的职业训练，使他们掌握法律实践技能和操作技巧，能熟练处理社会中的复杂问题。

因此，高校需要转变教学观念，提高实践教学在整体教学体系中的地位，丰富实践教学的方式和内容。构建重视实践环节的法学实践教学课程体系，并将法学实践纳入学分管理，是至关重要的。这不仅能增强学生对实践教学重要性的认识，保障法学专业实践教学活动的质量，还能培养更多具备实际操作能力和创新精神的法律人才。

二、构建法学实践教学的组织体系

要使法学实践教学真正落到实处，取得实效，必须建立健全的组织体系。由于实践教学环节多样，时间跨度长达七个学期，涉及众多人员和单位，因此，专门的实践教学组织机构显得尤为重要。这样的机构可以确保实践教学质量，避免教学过程流于形式。然而，完全依赖行政管理也会增加管理成本和师资投入。因此，构建一个合理、实用的实践教学组织体系至关重要。

第一，设立专门的实践教学教研机构。这个机构应配备一至三名专职教师，负责实践教学的宏观管理，包括科研、规划、督促检查，以及学生实践教学学分成绩的统计与认定等工作。同时，他们还需负责与各实践教学基地的沟通与联络。

第二，建立完善的校外教学实践基地。这些基地应为学生提供真实的工作环境，让他们在实习和实践期间将理论知识应用于实际操作。每个基地都应配备聘任教师，负责学生的指导和管理工作。

第三，成立大学生法律援助中心。这个中心以学生为主体，采用志愿者工作团队的形式，让学生在自我管理中提升组织管理能力。教师和校外聘任教师则以顾问身份，对法律援助中的专业问题提供指导和帮助，确保学生在实践中得到专业支持。

第四，开设模拟法庭和法律诊所课程。这些课程以教师为主导，教师不仅负责教学和指导，还积极参与学生的实践活动，通过实际操作帮助学生提升能力。这种管理与教学、指导与参与相结合的方式，有助于提高学生的实践技能。通过以上措施，高校可以确保法学实践教学的各个环节得到有效管理和实施，为培养具备实际操作能力和专业素养的法律人才奠定坚实基础。

三、构建法学实践教学的师资体系

教师在法学实践教学中扮演指导者的角色，其素质直接影响法学实践教学的效果。然而，许多教师为了追求职称、学术地位和发表学术论文，往往将大量精力投入法学理论研究中，忽视法律实践问题，缺乏将法律理论应用于实践的意识和具体的法律实践经验。这导致教师在指导学生实践时显得力不从心。另一方面，虽然有些教师从事法律实务工作，但他们主要精力放在实务上，难以抽出时间指导学生的实践课程。

2005年2月1日，中青联发《关于进一步加强和改进大学生社会实践的意见》指出，应将大学生社会实践与教师社会实践结合起来，组织高校干部教师参与和指导社会实践。文件要求高校党政干部、共青团干部、思想政治理论课和哲学社会科学课教师、辅导员和班主任都要参加大学生社会实践活动，鼓励专业教师参与和指导大学生社会实践。

（一）请进来

为了通过政策吸引更多高素质教师参与实践教学，高校可邀请有丰富经验的法官及律师担任实践教学的导师。这些导师能够开设与实际操作紧密相关的课程，将他们生动且实用的专业经历分享给学生，从而使学生有机会接触到真实的法律实务场景。这样不仅能够提升教学质量，还能有效增强学生的实践能力。

（二）走出去

高校应当积极创造条件，鼓励教师参与实践，在确保教学与科研不受影响的前提下，支持教师兼职从事法律实务工作，如代理案件或提供法律咨询服务。此外，学校通过设立实践基地等方式，为有意向的教师提供半年至一年的脱产实践机会，让他们深入法院或律师事务所，亲身体验法律实务工作。这样的安排有助于教师更好地理解实际问题，从而提高教师运用法律知识解决实际问题的能力，以及将理论与实践相结合的教学水平。为确保教师参与实践活动的有效性和规范性，高校还需建立健全相应的管理制度。

四、建立完善的法学实践教学保障体系

为了加强法学实践教育，高校需要构建法学实践教学基地和实验室，完善相关规章制度，以促进教师与学生、学生之间以及学校与社会各界的交流与合作。同时，多方筹集资金，确保实践教学拥有坚实的物质基础和充足的资源保障。这样既能为学生营造更真实的学习环境，又能有效提升他们的实践能力和职业素养。

（一）法律实践教学基地的建设与发展

实践教学基地的建设对于教学改革和理论与实践相结合具有重大意义。这一基地不仅是理论教学的有力补充，也能促进产学研的深度融合，还能强化学校与社会之间的联系，借助社会资源，共同推动教育事业的发展。一个高质量的实践教学基地，对于提升学生的实操能力和创新思维具有无可替代的作用，是培养具备多元技能的应用型人才的关键环节。

在构建这一基地的过程中，首要考虑的是提供充足的生活、学习、卫生及安全保障，同时，为了控制成本，建议选择地理位置相近的地点。为确保双方权益和基地管理的规范化，合作协议的签订至关重要。一旦基地建成，持续的沟通与合作就显得尤为重要。高校可以通过定期举办交流活动，如座谈会、联谊会等，加深彼此的了解。

在合作过程中，高校秉持"互利共赢、共同发展"的原则，不仅致力于实现预定的教学目标，也积极支持基地的人才培养和技术提升。例如，高校可以通过提供专业培训、邀请基地内的行业专家担任学校的客座讲师或学生的指导教师等方式，促进双方的深度合作。这种互动模式有助于建立长期稳定的合作关系，为实践教学基地的可持续发展奠定坚实基础。

（二）关于法学实践教学实验室建设的探讨

2007年，我国教育部发布的高教一号文件强调加强实验与实践教学改革的重要性，并提出打造约500个实验教学示范中心的目标，以推动高校在教学内容、方法、技术、师资队伍、管理及教学模式等方面的创新。在法学专业，实践教学的建设尤为重要，如模拟法庭、法律援助中心、多媒体诊所教室等实验场所的建设至关重要。这些设施不仅是法学实践教学的必备部分，也为学生提供了宝贵的实践操作机会。尤其在模拟法庭方面，作为模拟审判教学的核心场所，它已成为校内法学实践教育的重要组成部分。我国许多知名高校都已建立设施完备的模拟法庭实验室。为确保教学效果，这类实验室至少需能容纳一个班级的学生，并配备相应的实验设备和设施。大学生法律援助中心同样被视为校内法学实践教学的重要部分。由于该中心需要接待来访咨询者，高校应为其提供固定的工作场所，并配备必要的设施和资金支持，以确保其顺利运作。

（三）制定法学实践教学管理制度的规范

实践教学课程的推进和维持，相较于传统课堂教学，面临着更大的管理难题。仅依靠教师的积极性、学生的兴趣和能力，难以确保其长期性和有效性。因此，将实践教学纳入制度化、规范化的管理轨道至关重要，以实现其常态化运营，而非短期项目。

为实现此目标，高校需从实践教学的各个环节出发，构建一套完善的规章制度，确保各项活动有序进行，保障其持久性和稳定性。具体措施包括：

第一，实践教学规划与要求。明确教学目标、内容、方法及时间安排，确保参与者明确预期成果和流程。

第二，评估标准设定。针对各实践教学环节，制定详细评价指标，确保评估公正、准确。

第三，指导教师职责界定。明确指导教师的任务、责任和权限，助力教师更好地履行职责，同时为学生提供清晰的支持和服务预期。

第四，教学指导原则制定。统一教学方法、资料准备、学生指导等方面的原则，提升教学质量与效率。

第五，成绩评定办法建立。构建公平、透明的学生实践成绩评价体系，客观反映学生的学习成果。

通过实施上述措施,有望推动法学实践教学规范化管理,激发师生积极性,为培养高素质法律人才奠定坚实基础。建立和完善这一体系,对提升法学教育整体水平、促进理论与实践深度融合具有深远意义。

(四)构建法学实践教学交流平台：提升学生的沟通能力与法律素养

法学实践教学具有开放性、互动性、分散性和自主性等特点,因此,构建一个高效的沟通系统至关重要,以确保教师与学生、学生与学生之间的交流顺畅。网络技术的应用不仅推动了优质教学资源的共享,还极大地支持了学生的自主学习,成为实现这一目标的关键途径。网络教学平台以其灵活性、快速响应性、开放性和互动性,跨越地理界限,创设多元化的交互式学习环境。早在2007年,我国教育部就提出加速网络教育资源开发和共享平台建设的要求。

在构建法学实践教学的在线沟通体系时,打造一个贴近真实世界交流体验的便捷平台成为核心任务。这种在线交流环境包括多种形式,如文本、语音和视频交流。利用电子邮件,学生可以方便地从教师处获得个性化的指导和支持；通过微信等社交工具,不同地点的学习者可以轻松跨越时间和空间的障碍,共同分享学习心得,一起面对和解决问题,这既能培养团队合作精神,又能加深彼此间的理解和友谊；在线讨论区使得学生可以针对复杂、热门或前沿话题进行讨论,激发学生的学习兴趣和主动性,有效提升教学效果,解决法学实践教学中教与学的时间和空间分离问题。此外,利用网络资源进行法学实践教学,不仅让学生实现自主学习,还提升了他们的信息检索、分析和处理能力,对培养学生的信息素养具有重要意义。

(五)构建法学实践教学的评价体系

2005年,我国教育部在《关于进一步加强高等学校本科教学工作的若干意见》中强调三点：一是强化教学管理,确保教学秩序稳定；二是完善教师教学制度建设,优化教师教学考核机制；三是鼓励高校积极探索适合自身的教学质量保障与监控体系。在此基础上,教学评估作为提升高校教学管理水平、加强教学质量自我监督以及促进教学质量提升的关键工具,逐渐引起了广泛的关注。

构建一个科学、规范且高效的实践教学评估体系,不仅是确保教育可持续发展的必要条件,也是满足我国和各地区经济发展对应用型高素质人才需求的必然要求。因此,研究并建立一套既符合高等教育教学规律,又便于实际操作的实践教学评估体系,成为保障实践教学质量、实现人才培养目标的基础性工作。在法学实践教学领域,建立有效的评价机制尤为重要。评价不仅是对教学过程中教师授课和学生学习状况的剖析,更是通过系统化的评估框架,全面、如实地将教学过程中的各种情况反馈给相关各方，旨在发现问题，提升学生的整体素质。作为教学质量监控体系的重要组成部分，科学的评价方式对确保教学活动的实践性至关重要。

通过评估，高校可以深入了解学生的真实状态，掌握他们的实际需求，收集并分析反馈信息，从而根据评估结果调整教学策略和方法，确保教学活动的有效性。实践教学的效果最终体现在学生对知识的掌握程度和综合素质的提升上。通过将学生在实践教学中的表现、得出的结论与预设的教学目标和要求进行对比，高校可以准确衡量实践教学的成效，这也是评价实践教学成功与否的关键步骤。

1. 评价实践教学本身

实践教学评价包含三个维度。

（1）实践教学的评估需要全方位、多角度的考量，以保证其全面性和客观性。首要的评估者是教师，他们作为教学的设计者和执行者，根据教学目标来衡量实践教学的效果，这既有助于检验教学进度的达成度，也有助于为后续教学提供优化依据。其次，学生作为实践教学的直接参与者，他们对教学内容的相关性、实践活动的实用性等评价标准有深刻的理解，他们的反馈是评估实践教学质量的重要参考。此外，校外人员，如和学生密切合作的专家、同行以及实习基地的工作人员，他们也扮演着重要的评价角色。他们的视角能够从全新的角度揭示实践教学的实际效果，帮助学校了解其在真实世界中的应用价值和社会认可度。因此，构建一个多元化、多层次的评价体系是提升实践教学质量的关键。

（2）实践教学评价是一个全方位的过程，旨在全面评估和提升实践教学活动。评价范围应覆盖实践教学的执行情况、教师队伍的数量和质量、实习基地和实验室的建设水平、管理机制与规章制度的完善程度、教学资源的投入力度，以及教学成果等多个方面。然而，评价的核心并非仅在于揭示现状，而在于通过深入剖析评价结果，推进实践教学的质量控制，确保优势得以持续发挥，同时对发现的问题进行有效整改。简言之，构建科学合理的评价体系，旨在促进实践教学的持续进步，更好地服务于学生的成长和发展。

（3）在评估实践教学活动时，核心关注点在于教师的教学表现和学生的学习成果。评估过程涵盖四个主要方面：学生自我评估、学生间的互评、校外人士的评估以及教师对学生的评估。

第一，学生自我评估。作为实践教学的主体，学生通过自我反思来评价在教学过程中的表现，这是他们成长和提升自我的关键环节。学生可以利用预设的评估表格进行自我分析。如有条件，高校还可为学生录制学习活动视频，方便他们参照预定目标，直观地进行自我评估和反思。

第二，学生间的互评。在实践教学活动中，学生常通过团队协作完成任务。因此，项目结束后，学生应接受来自同组成员的评价。互评有助于学生认识到个人的优势与不足，同时促进团队内部的相互学习和成长，具有重大教育意义。

第三，校外人士的评价。行业专家、法院工作人员等外部人士对学生在实践中的表现给出的意见，是实践教学评价体系的关键部分。这种评价方式强调实践教学的开放性和实际导向，使学生能从多角度获取反馈，更好地适应职业环境。

第四，教师对学生的评价。教师关注学生实践学习后的法律研究技能提升、职业道德观念明确以及学习策略掌握等方面。教师可通过口头或书面形式给予学生反馈，反馈均应以充足的事实依据为基础，确保评价的客观性和准确性。教师的日常笔记是记录学生表现的重要资料，最终的书面评价报告则作为学生综合能力的正式评估结果。总之，多元化的评价机制不仅全面评估实践教学效果，还为学生的全方位成长提供指导，推动他们全面发展。

2. 评价实践教学教师

在法律教育领域，负责实践教学的教师的角色举足轻重，因此，他们的评价在评价体系中占据重要地位。这种评价的目的在于检验教师是否深入理解并实践实践教学的理念，以及他们是否能娴熟运用各种教学方法使学生受益。评价的核心内容包括教师对课程的驾驭能力、教学方法的应用效果、学生的受益程度、教师的职业精神和道德水平、教学质量、感召力和教学魅力、教学目标的实现程度以及教学特色和效果等方面。

对教师的评估主要涉及以下几个方面：

一是敬业精神与态度，它关注教师对工作的热情和专业性。二是教育理念，审视教师是否拥有先进的教育观念，是否能有效地将理论与实践相结合。三是知识水平，考查教师专业知识的深度和广度。四是业务能力，考核教师在教学实践中解决问题的能力。五是教学内容，确保教学内容丰富、合理且满足学生需求。六是教学方法，评价教师所采用的教学策略的有效性，以及它们是否能激发学生的学习兴趣。七是教学手段，观察教师是否能熟练运用现代教学工具和技术。八是教学特色与效果，分析教师的教学风格及其对学生学习成果的影响。

对于学生的评价，则主要集中在以下几个维度：

一是学习态度与工作态度，关注学生的学习积极性和工作认真度。二是责任心与敬业精神，评估学生在学习任务中的责任心和专业态度。三是团队合作，考查学生在团队中的协作能力和贡献。四是工作效率与工作能力，衡量学生完成任务的速度和质量。五是职业道德，审视学生的职业操守和行为规范。值得强调的是，实践教学的评价标准应保持灵活性。在实际操作中，高校不仅关注实践教学的最终成果，更看重整个学习过程。与传统课堂教学的成绩评定相比，实践教学的评价更强调过程的重要性，有时甚至超过了对结果的关注。这是因为，通过过程中的探索和体验，学生能够获得更深刻的学习体验和成长机会。

第二节　高校法学实践教学运行体系的构建

一、高校法学教育实践教学体系的构建

传统观念认为，法学教育无须实验室，而是通过校外合作、课外实践及校内模拟实习等途径，实现实践教学与社会实际的紧密结合。然而，现代教育理论指出，法学实践教学实则更需要实验室助力，且这些实验室应具备丰富的类型。这不仅能为学生营造更真实的学习环境，更有助于培养其实践操作能力和解决实际问题的能力。因此，构建一个包含多种实验室的法学实践教学平台，对提升法学教育质量和效果至关重要。

（一）模拟法庭实验室的建设与应用

模拟法庭实验室被视为提高法学实践教学质量的重要手段。在这类实验室中，法学专业的学生有机会将课堂所学的理论知识付诸实践，转化为实际操作技能。为了使模拟法庭教学效果最大化，高校应打造专业且完善的模拟法庭环境，积极引入真实法院审判案例，并确保学生定期参与模拟法庭的审判活动。这样的教学方式不仅有助于提升学生的法律实务能力，还能使他们更深入地理解法律程序，为未来法律职业生涯奠定坚实基础。

（二）刑事侦查实验室的建设与应用

刑事侦查实验室涵盖多个核心领域，如刑事摄影室、心理测试实验室和痕迹物证分析室等。这些专业实验室为学生提供实践平台，让他们在侦查技术、公诉实务等课程中，通过实际操作深化对理论知识的理解和掌握。通过这种学习方式，学生不仅能提升专业技能，还能更好地应对未来职业生涯中的各种挑战。

（三）法律援助实验室的建设与应用

为了增加学生的实践机会，高校可在校内设立法律援助中心，为社会公众，尤其是弱势群体提供法律援助。成立这样的法律援助中心，需要学校提供专用空间和必备设备，营造出真实的法律服务环境，让学生在实际的法律服务中，亲身经历司法实践的各个环节。此外，法律援助中心可进一步划分为律师实务、公证

业务、企业经济法律事务等多个功能区，并配备相应的教学实训室。这样既能提升学生的实操能力，又能让他们在多元化的法律服务场景中获得全面的职业训练和经验积累。

（四）卷宗阅读实验室的建设与应用

卷宗阅读实验室汇集了丰富的真实司法案例资料，为学生提供了一个深入了解案件从立案到执行全流程的实践平台。这个实验室不仅是法学教学的重要基地，还肩负着多项教学任务，如法律文书撰写、法律法规记忆以及案例分析等实践活动均在实验室进行。在此过程中，学生不仅能接触到真实的法律文件和案例，还能在实际操作中提高法律应用能力和解决问题的能力。

二、高校法学教育实践教学的方法与应用

在法学教育的实践中，教学逻辑与方法丰富多样。简而言之，主要包括归纳、演绎、分析、比较和综合等抽象方法，这有助于培养学生的逻辑思维能力。此外，还有如辩论、列举、实证研究、质疑和案例评析等具体教学方法，它们能有效推动学生法学专业技能的提升。这些方法共同构建了法学教学的基本框架，彼此之间相互依存、相互促进。在实际教学过程中，教师应明确每门课程的教学目标、评估手段和反馈机制。接着，教师需灵活运用多种教学手段，鼓励学生积极参与法学实践活动，营造一个师生互动、共同探讨的学习氛围。教师还应重视并加强学生的社会实践活动，采取"走出去，请进来"的策略，即让学生参与实际社会活动，同时邀请业界专家进校园交流，打破传统封闭式教学模式。这样，学生既能在实践中深化理论知识，又可直接从行业精英处汲取宝贵经验，从而全面提升自身专业素质和实践能力。

第六章　高水平大学卓越法律人才培养的方案与模式

第一节　法学新兴分支学科课程纳入卓越法律人才培养中的思考

《关于实施卓越法律人才教育培养计划的若干意见》指出，优秀的法律人才应当具备坚定的信念、良好的品德、广博的知识以及扎实的技能。法学新兴分支学科的迅速发展，得益于创新的研究方法、宽广的学术视野和开放的思维方式，这些因素共同推动学生对法律现象的深入理解，并增强了学生的实践能力。如何在"卓越法律人才"培养项目中科学地规划这些新兴学科的内容，成为一个亟待深入探讨的课题。

一、法学教育中学科分类的重要作用及其影响

当前，我国学科分类体系尚未达成统一标准，依照《中华人民共和国学科分类与代码国家标准（GB/T13745-2009）》所建立的体系，主要是为了服务于科技政策制定、规划以及科研管理。这种以科研服务为主的分类方法，对法学教育领域产生了深远的影响。这一体系限制了法学教师的教学理念与知识结构。教师为了完成必要的科研任务，如课题申请和论文发表，往往在教学中偏重本学科的知识传授，而忽视跨学科知识的融合。这不仅限制了学生的问题意识、研究方法和学术视野的拓展，还导致法学研究的视角狭窄和方法单一，难以满足理论创新和社会实践的需求。这种以科研成果为导向的评价体系，也会影响高等学府的功能定位。大学在社会发展中具有独特地位，主要因为它们肩负着培养新一代人才的重任。但是在追求科研成就的过程中，不少高校过分强调科研产出的数量，而忽视人才培养这一根本任务，从而影响法学教育的质量。法学教育的课程设置未能充分以实际问题为导向。虽然法律课程通常依据部门法或国家主要法律进行设置，尤其是核心课程的设置，但若缺乏与其他学科的交融，则难以激发学生的创

新思维和综合解决问题的能力。因此，探索如何科学合理地安排课程内容，使之既能巩固学生的基础知识，又能有效促进其创新能力的发展，成为当前法学教育亟待解决的问题。

当前，以单一学科为依据的教学科研模式暴露出不少问题，尤其是学术视野的狭隘与僵化。这一模式往往将复杂的现实问题简化为单一的形式化的研究课题，忽略了跨学科知识的融合与应用。在教学方法上，课程内容常呈现分割状态，未能实现与其他学科的有机整合。针对这些弊端，法学教育界正倡导教学科研模式从学科导向转向问题导向，从理论法学过渡到应用法学。虽然各学科都有其独立的研究领域，但这不应该成为学术探索的障碍或边界。法学研究应将法律放置于更宏观的社会背景中进行分析，研究者不仅要深耕自身领域，还应跨越学科界限，整合法学与其他学科的知识，将之应用于实际的法律实践中。这一转变要求法学研究者既要深入探究专业领域，又要主动汲取其他学科的营养，打破学科间的壁垒，推动多学科的交叉融合。通过这种多元化的研究路径，教师能够更有效地处理复杂的法律和社会问题，培养出既有创新能力又有实践技能的法律人才。这样的做法不仅有助于拓展学术视野，还能增强解决实际问题的能力，满足社会对高素质法律专业人才的迫切需求。

二、法学领域新兴分支学科的出现及其在法学教育中受到重视的缘由

（一）法学领域涌现出的新分支学科

随着经济社会的不断发展和研究的深入，法学领域出现许多新兴分支学科。2004年，《中共中央关于进一步繁荣发展哲学社会科学的意见》中强调加强传统学科、新兴学科和交叉学科建设的重要性。那么，什么是法学新兴分支学科呢？这些学科相对于传统学科而言，主要通过其基本原理、研究方法、研究对象、内容以及体系等方面来界定。

新兴分支学科通常指那些开展系统性研究时间较短、研究水平有待提高或面临重建任务的法学领域。值得注意的是，并非所有公认的法学分支学科都属于传统学科范畴，例如经济法学和国际经济法学等，都可以归类为新兴分支学科。这些新兴分支学科的兴起与社会各方面（如经济、政治、社会、文化和生态环境等）的变化密切相关。例如，在党的十一届三中全会后，国家的发展重心转向经济建设，促进了法律与经济关系的研究，尤其是1981年经济法学与民法学的大论战后，经济法学逐渐成为一个独立的新兴分支学科。

1987年，《法学新学科手册》由浙江人民出版社出版，书中列举了一系列法学新兴分支学科，部分学科甚至涉及边缘法学领域。进入21世纪后，我国的发展战略从单纯的经济建设扩展到"五位一体"的全面布局，包括经济建设、政治

建设、文化建设、社会建设和生态文明建设。社会主义法治国家的建设要求在这五个方面都要推进法治建设。2014年,党的十八届四中全会通过了《中共中央关于全面推进依法治国若干重大问题的决定》,进一步强调了这一要求。

因此,为了适应经济社会发展的需要,必须加强对法学新兴分支学科的教学,以培养符合时代需求的法律人才。这不仅有助于深化法律人才对法律现象的理解,还能让他们更好地应对现代社会复杂多变的挑战。

(二)探究法学教育中新兴分支学科被重视背后的原因

在教育体系中,法学教育面临一个核心矛盾,即社会活动的不断变化与法律本身的滞后性之间的矛盾。现有的法学知识体系,尽管是对过去社会活动规律的总结,能够在一定程度上指导未来,却无法完全适应社会和自然界的发展与变化。因此,法学新兴分支学科的涌现要求高校必须重新审视和更新对传统法学学科的理解。何勤华教授强调,转变法学学科的传统观念,注重新兴分支学科的建设,是学术界当前亟待完成的任务之一。在法学教育中,不仅要重视新兴分支学科,还应将这些新兴分支学科纳入课程设置。这是因为新兴分支学科研究的法律规范对我国的经济社会运行具有深远影响。法学教育的对象若不能掌握这些新的法律规范,将导致其所学的法学知识是局限的和片面的。例如,央视《对话》栏目就"反垄断能否捍卫我们的利益"进行深入讨论,提及某酒厂高层及法务部门对执行最低销售价格措施是否违反《中华人民共和国反垄断法》存在误解。这显示出法学新兴分支学科通过引入新的研究方法,可以帮助法学专业学生拓宽研究视野,培养创新思维,对法律现象进行多元思考。因此,在法学教育中,高校不仅要巩固传统法学学科的基础,还应增加新兴法学学科的教学内容。这些新兴分支学科随着社会的发展而迅速成长,它们不仅继承了传统法学的精华,还在各自的领域内形成了独立的体系,加深了法学专业学生对法律的理解。这样的教育方式既能拓宽学生的知识视野,又能更好地应对现代社会复杂多变的法律挑战。

在21世纪之前,我国法学教育的核心任务是服务于经济建设,这一目标被视为不可动摇的基础。然而,进入21世纪后,仅仅依靠传统的刑法、民法和法理学已不足以满足改革开放的需要。为了培养卓越的法律人才,必须提升学生的法律诠释能力、法律推理能力、法律论证能力以及探知法律事实的能力,而新兴分支学科在这方面展现出独特的优势。

事实上,从美国1992年至2002年的高年级课程变化可以看出,他们显著增加了法学新兴分支学科的课程设置。例如,知识产权法、环境法(包括能源法和自然资源法)、健康保护法、土地利用与规划法、不动产法以及体育运动法等新兴分支学科课程的数量大幅增加。这些课程不仅丰富了法学教育的内容,还为学生提供了更广阔的视野和更多的实用技能。

因此，现代法学教育不应局限于传统学科，而应积极引入新兴分支学科的内容。通过这种方式，不仅可以增强学生的综合能力和实践技能，还能更好地适应社会发展的需求。新兴分支学科的引入不仅符合时代潮流，也是提高法学教育质量和效果的重要途径。这表明法学教育需要与时俱进，不断调整和优化课程结构，以应对日益复杂的法律和社会问题。

三、探讨将法学新兴分支学科课程融入"卓越法律人才培养计划"的注意事项

（一）建议重新审视将法学新兴分支学科课程融入"卓越法律人才"培养体系的适宜性

法学领域正不断衍生出新的分支学科，诸如军事法学、体育法学、医事法学、科技法学和财税法学等。这些学科的诞生，主要得益于频繁的立法活动以及传统法学研究的深入。然而，值得关注的是，这些新兴分支学科不应直接成为"卓越法律人才"培养核心课程的一部分。

我国法学教育目前倡导"宽口径、厚基础"的理念，教育部已将七个原有专业整合为一个统一的专业。尽管新兴分支学科丰富了传统法学的研究范畴，但它们无法完全替代法学的基本框架。若将这些新兴分支学科直接纳入本科课程体系，可能会偏离培养目标，失去教育的宽广性和基础性。例如，将"法学与外语""法学与知识产权""法学与航空航天"等复合型人才培养模式应用于本科阶段，其适宜性值得深思。本科教育不应简单地引入二级学科或三级学科的概念。因此，本科阶段的法学教育应着重于法律专业基础知识和职业技能的通识教育；而在硕士研究生阶段，则应更加专注于法律思维和职业技能的深化培养。

（二）法学新兴分支学科的课程设置宜因校制宜

随着法学研究的不断发展，新兴分支学科如雨后春笋般涌现，各高校也相应地调整了课程设置。根据《普通高等学校本科专业目录和专业介绍（2012年）》的规定，法学专业核心课程包括16门，其中知识产权法、劳动与社会保障法、环境资源法等新兴分支学科课程受到重视和认可。然而，不同高校在新兴分支学科课程的设置上呈现出明显差异。

第一，一些高校特别强调知识产权法学的地位。如，北京大学在2009年版《本科教学手册》中将其列为大类平台必修课，要求非法学院的学生也必须选修相关课程。相比之下，劳动法与社会保障法作为大类平台选修课，供全校学生自由选择。

第二,部分高校将新兴分支学科课程与传统学科课程并重。例如,清华大学将知识产权法、环境资源法和劳动法设置为专业限选课,所有法学专业学生均需选修。

第三,课程设置。尽管《普通高等学校本科专业目录和专业介绍(2012年)》将劳动与社会保障法整合为一门课程,但许多高校认为两者的内容和性质有所不同,因此将其分为两门独立课程。武汉大学和吉林大学都将劳动法和社会保障法作为独立的专业选修课程开设;而北京大学则将其命名为"劳动法与社会保障法",以更准确地反映课程内容。

第四,其他新兴分支学科课程的设置因学校特色和师资力量的差异而有所不同。除了常见的知识产权法、劳动法、社会保障法和环境资源法等法律法规外,清华大学还开设了网络与电子商务法等课程;北京大学则设有体育法、财政税收法、会计法与审计法以及青少年法学等课程;吉林大学则开设医事法专业选修课。

总之,知识产权法、环境资源法和劳动法等新兴分支学科课程已成为大多数高校法学教育的重要组成部分,并获得广泛认同。而对于其他新兴分支学科,如体育法学和科技法学等课程的设置,则主要取决于各高校的特色和师资力量。这种多元化的课程设置不仅能丰富法学教育内容,也为学生提供了更广阔的知识视野和职业发展路径。

(三)将"边缘法学课程"设置为非法学专业学生的"选修课程"

法学新兴分支学科以研究新的法律规范为核心,区别于边缘法学。新兴分支学科如军事法学、体育法学、医事法学、科技法学和财税法学等,专注于特定领域与法律的关系,旨在为这些领域的活动提供法律保障。例如,医事法学研究医疗技术、管理、事故及医德的法律规范,确保医学活动合法有序进行。

相比之下,"法学与外语""法学与知识产权""法学与航空航天"等则属于交叉学科,即法学边缘学科,它们结合法学与其他学科的知识。法学新兴分支学科随着社会的发展而产生,致力于法律规范的纵向深化,推动法学理论与实践的进步。

根据"厚基础、宽口径"的原则,在卓越法律人才的培养中,应当区分并优先开设本体法学新兴分支学科课程,而非边缘法学课程。这不仅有助于学生掌握扎实的基础知识,还能拓宽他们的视野,适应不断变化的社会需求。通过这种方式,法学教育能够更好地实现其目标,培养出既具备深厚法律素养又拥有广泛知识背景的优秀法律人才。

在当前的法学教育体系中,边缘法学课程占据一定比重,尤其是犯罪学和刑事侦查学等课程。依照《普通高等学校本科专业目录(2012年)》的分类,"犯罪学"作为二级学科正式被纳入法学学科旗下的"公安学类"一级学科，侦查学同样位列其中。例如，北京大学在其2009年版的《本科教学手册》中，就将司法精神病学和刑事侦查学等课程作为专业选修课。吉林大学也将犯罪学作为专业选修课之一，山东大学更是将刑事侦查学和犯罪心理学等课程纳入选修体系。除此之外，法律社会学和法律逻辑学等边缘法学课程也在法学教育中发挥着重要作用，帮助学生从多元视角理解法律和分析社会现象。

关于边缘法学课程的设置，笔者认为大学不仅应注重培养卓越的法律人才，还应承担知识创新的重要任务。因此，大学不仅要满足教学需求，还需形成独特的教学和科研特色，以适应国家对法律人才的特殊要求，并推动某些法学学科在国家经济建设和法治建设中的深入发展，力争成为国内外一流学科。

为了实现这一目标，延长学制是一种可行的方法，如中国政法大学的"4+2"模式。对于非政法类高校，如湖南大学，可以通过融合法学学科与该校的优势或特色学科，培养复合型法律人才。例如，可以采用"法学学科+优势学科"或"法学学科+特色学科"的模式，促进跨学科的知识整合和应用。

尽管边缘法学课程不应作为核心课程纳入"卓越法律人才"培养体系，但鼓励高校开设这些课程作为选修课是必要的。具体来说，可以将边缘法学课程纳入全校的人文素质选修课范畴，而非仅限于法学院内部。这样做不仅能丰富学生的知识结构，还能拓展他们的思维方式，激发他们的学习兴趣。

通过这种方式，不仅可以提升学生的综合素质，还能更好地满足社会对多元化法律人才的需求。此外，这种多学科融合的教育模式有助于学生在未来的职业生涯中具备更强的竞争力和创新能力，为国家和社会的发展做出更大贡献。这样既能保证法学教育的专业性和深度，又能兼顾广泛性和灵活性。

第二节　论我国卓越法律人才培养的法学教育模式

自改革开放以来，我国高校法学教育实现了飞跃式的发展。目前，已有623所高校开设法学本科专业，在校法学本科生总数超过29万人。在"十一五"期间，法学教育累计培养出36万多名专业人才，为国家的经济进步、社会发展以及法治建设提供了坚实的人才基础。尽管如此，我国高校法学教育仍存在一些突出问题，如与法律实务脱节、人才培养模式需进一步改革、教育质量有待提高等。为此，实施"卓越法律人才教育培养计划"显得尤为关键。该计划不仅有助于法学教育紧密联系法律实务，推动人才培养模式的优化，而且对于提升法学教育的整体质量至关重要。这一举措是全面贯彻落实依法治国战略、执行教育规划纲要、满足社会对法律专业人才需求的必要手段，能够确保法学教育的专业性与实用性，同时增强学生的综合素质和职场竞争力，更好地服务于国家和社会的发展大局。

一、分析我国法学教育现行模式的特性与不足

在全球范围内，法学教育主要依托两种教学模式，即案例教学与讲授式教学。这两种方法互为补充，构成传授法学知识的基石。案例教学以具体案件为出发点，引导学生通过深入分析案例，理解并提炼法律规则和原则，将实践经验转化为理论认知。与此同时，讲授式教学着重于教师对法律概念、原则、基本理论和思想的系统讲解，目的是为学生构建完整的法学知识框架。现代法学教育往往将这两种教学模式有机结合，使之相辅相成。案例教学可以让学生在实际案例中学习如何运用法律，而讲授式教学则为学生提供了坚实的理论基础。这种融合式的教学策略不仅能增强学生的实践技能，还能提高他们的理论修养，全方位地培养出既拥有扎实法学知识基础，又能够解决实际法律问题的专业人才。

（一）探讨中国当前法学教育模式的本质特点

首先，教学的核心目标是传授知识。虽然倡导素质教育的呼声不断升高，但教学实践依旧以传授知识为本，学生评估也主要围绕知识的掌握程度进行。尽管社会和媒体呼吁大学应着重培养学生的创新能力、实践能力及健全人格，但系统知识的改革进程并未受到实质性的推动。

其次，课堂教学以讲授为主导。虽然自学、讨论、调研及实习等方法也被采用，但这些多作为辅助手段，传统的以知识传授为主的讲授方式仍然占据主流。

再次，教学内容与方法极大地依赖教师和教材。在传统的课堂教学中，教师是课堂的主导者，学生鲜少主动提问或提出不同观点，更不会与教师辩论。这样的环境使得学生成为被动的知识接受者，缺少独立思考的机会。同时，由于缺乏教材外的参考资料，学生接触不同学术观点的机会受限，其独立判断能力的发展也因此受阻。

最后，笔试成绩依然是评价学生的主要方式。无论是评选优秀学生、发放奖学金，还是人才市场的选拔，笔试成绩都占有重要地位。随着升学、就业和职业生涯中的竞争愈发激烈，笔试作为公平选拔的手段被广泛运用，这进一步加剧了教育的应试倾向。尽管这种方式有其存在的合理性，但在信息网络迅猛发展的今天，获取知识已变得更为容易。未来在竞争中取胜的关键在于运用现有知识解决问题的能力以及探索新知识的能力。显然，当前的法学教学模式并不利于学生创新思维和批判性分析能力的培养。

鉴于此，法学教育亟须改革，以适应时代发展需求。应当鼓励学生积极参与课堂讨论，提供更加多元的学习资源，采用多样化的评估手段，从而全面提升学

生的综合素质和创新能力。这样的改革不仅能够夯实学生的理论基础,还能提高他们解决实际问题的能力。

（二）我国现行法学教育模式的不足与反思

首先,学生缺乏足够的创新实践机会。任何能力的培养都需要理论与实践相结合,仅仅掌握系统的专业知识和创造方法是不够的,必须通过实际的创造性活动来培养创新能力。然而,现行的教学模式往往忽视这一点,导致学生难以在实践中锻炼和发展创新能力。

其次,现行教学模式压抑了学生的个性发展,不利于其创新能力的培养。创新能力的养成要求个体具备鲜明且健全的个性特质,既要能独立思考又要能融入社会,还要能通过解决实际问题实现个人价值。但在现有法学教育模式下,教师主导课堂讲授,学生习惯于被动接受知识,缺乏独立思考的机会,逐渐养成依赖教师的习惯。考试制度及其强化的标准答案意识进一步抑制了学生的质疑精神和批判性思维。

再次,法学教学与社会实践严重脱节。虽然系统讲授知识很重要,但法学教育如果只注重理论而忽视实际应用,会导致学生的人文素质不高,缺乏对社会问题的深入思考和分析。法学专业学生的人文精神需要通过运用所学知识分析和解决社会问题的过程逐步培养起来。

最后,现行法学教学模式无法提供创新所需的宽松环境。教师通常按照既定计划系统讲授知识,鲜少鼓励学生积极提出问题、讨论问题和解决问题。这种模式不仅影响教学计划的灵活性,还抑制学生的发散思维和逆向思维等创新能力的基本思维方式的发展。以教师为中心的课堂和强化标准答案意识的考试制度,都倾向于强化收敛思维,而抑制多向思维的发展。

为了改变这一现状,法学教育应提供更多实践机会,鼓励学生独立思考和主动探索,促进其个性化发展,并通过多样化的评估方式激发学生的创造力和培养他们的批判性思维。只有这样,才能培养出真正具备创新能力和社会责任感的高素质法律人才。这种改革不仅能提升学生的综合能力,还能使学生更好地满足社会对多元化法律人才的需求。

二、探索构建卓越法律人才培养新体系的法学教育模式

（一）从知识传授到思维能力培养:教育重心的战略转移

法学教育正面临着从单纯的知识传授向思维能力培养的转变,以弥补现有教育在培养思维能力方面的不足。虽然知识传授是法学教育的根本,但法学教育不应局限于简单的"知识储备"。教育的真正目的在于通过知识传授,促进学生能

力的全面发展,将外在的、客观的知识转化为学生的内在理智和思考能力。

为实现这一转变,高校必须打破传统注重知识传授的模式,将思维能力训练置于法学教育的核心地位。正如赫钦斯所言:"理智的美德源于对理智能力的训练和习惯的养成。一种受过适当训练的理智,一种适当形成习惯的理智是一切领域里能够起着很好作用的理智。"因此,强调培养法律思维能力的法学教育才是最具实用价值的教育。

具体而言,培养学生分析和解决法律问题的能力,比单纯地记忆法律知识更为重要,这能为学生未来的职业生涯打下坚实基础。通过法律思维方式的训练,学生不仅能在实际工作中更有效地运用所学知识,还能提升批判性思维和创新能力。这样的法学教育,不仅能提供扎实的专业基础,还能帮助学生形成应对复杂现实问题的能力,以此充分发挥法学教育的价值。此外,这种教育改革不仅能提升学生的综合素质,还能更好地满足社会对多元化法律人才的需求。

(二)拓展涉外法律人才培养的教学范畴

为适应世界多极化、经济全球化以及国家对外开放的新形势,建立涉外法律人才教育培养基地已成为时代所需。卓越法律人才培养计划旨在培育既具有坚定社会主义法治理念,又具备国际视野和民族意识的法律专业人才,使他们能够在国际法律事务中发挥作用,运用涉外法律和国际规则来维护国家利益。

特别是在一带一路建设这一背景下,培养既精通跨法律文化沟通、熟悉国际规则,又具备专门语言能力和知识储备的区域经贸法律人才尤为重要。根据我国法治社会建设和国际发展的需求,卓越法律人才应具备以下五个方面的综合素质。

(1)扎实的理论基础。卓越法律人才需具备深厚的法学基础,并拓展政治、经济、社会和人文等多领域的知识,以实现法学专业教育与通识教育的有机结合,培养"精法律、通外语、懂经济"的复合型法律人才。

(2)国际视野。卓越法律人才应具有全球观念和国家意识,成为推动国际交流、维护国家利益的重要力量,同时能在国际舞台上具有一定的竞争力和影响力。

(3)系统的法律知识。卓越法律人才的知识体系应具有完整性和专业性,掌握系统的法律知识,并在特定领域形成专业特长,有较高水平的理论素养和实际操作能力。

(4)优良的外语水平。在全球化时代,高水平的外语能力对于处理法律事务至关重要。卓越的法律人才应精通一门外语,具备听、说、读、写四项基本技能,能够熟练运用外语处理法律事务。

(5)熟练处理法律事务的能力。法律教育的核心目标是培养高素质的法律职业人才,而非仅仅是理论研究者。卓越法律人才应能够熟练处理法律事务,并具

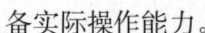

备实际操作能力。

综上所述,卓越法律人才应是具有扎实的理论基础、广阔的国际视野、系统的法律知识、优良的外语水平以及能熟练处理国际法律事务的高层次法律人才。这种综合能力的培养不仅服务于国家发展战略,也满足了全球化背景下对多元化法律人才的需求。

(三)优化课程结构布局

培养学生的法律思维方式,关键在于精心设计课程体系,以打造合理的知识结构。这一结构是培养法律思维方式的根本,涵盖多个维度:既要平衡专业知识与通识知识,又要融合国内外的规则与方法;既要结合事实判断与价值取向,也要对接理论知识与实践应用。特别是规则与方法、理论与实践这两个关键领域,它们对法律思维的养成起决定性作用。当前,我国法学院校在课程设置上往往偏重规则和理论,却忽略了方法和实践的重要性。调整这种失衡,对于促进学生养成全面的法律思维方式至关重要。通过构建更加科学、合理的课程体系,高校能够帮助学生构建均衡的知识结构,进而有效培养其法律思维能力。

法律思维的养成,不仅需要学习理论知识,如概念、原理和规范,也离不开实际经验和案例的积累。陈金钊教授将法律思维的基础划分为三个层级,即法律心理、法律理论和法律经验。其中,法律心理关乎个人对法律的态度和情感等非理性因素;法律理论则是对法律条文及其原理的深入理解;法律经验则是个体在法律实践中积累的体验,如案例分析、庭审旁听和诊所式法学教育等。这些实践经验对法律思维的发展产生了深远影响。正如霍姆斯大法官所言,"法律的生命在于经验而非逻辑",强调了经验在司法实践中的重要性。法官的丰富职业经历使其在处理复杂社会纠纷时,能更好地平衡规范与价值、特殊性与普遍性、历史与现实之间的关系。因此,法学教育不应仅限于理论知识传授,更应注重通过实践活动让学生积累更多的法律经验,这对于全面培养其法律思维至关重要。这种综合性的教育模式将有助于学生在未来职业生涯中,更加灵活地应用法律知识和解决实际问题。

在我国当前的法学教育体系中,理论课程占据核心地位,而实践环节的地位相对较低。虽然教学过程中教师会结合案例分析以加深学生对法律概念、原理和规范的理解,但这仍难以满足法律职业所需的真实能力需求。因此,提升实践课程的比例,成为法学教育改革中的一项紧迫任务。值得注意的是,鉴于我国遵循大陆法系传统,理论知识在法学教育中始终处于不可替代的地位。增加实践课程并非意味着忽略理论教学,而是在保持原有理论课程安排的前提下,合理调整理论课程与实践课程的比例,实现两者的相互促进。这样的改革,既能巩固学生的理论基础,又能增强其实际操作能力,进而培养出全面发展的法律思维。采用这种综合性的教育策略，不仅有助于学生在未来职业生涯中更有效地运用所学知识，解决实际问题，还能为法律行业贡献更多实用型人才。

（四）探索与创新：教学方法改革新路径

法律思维是法律专业素养的核心，法学教育的根本任务在于培养学生的这一思维。学生不仅需要具备扎实的知识基础，还需要有效的思维训练作为补充。为实现该目标，法学教育必须营造一个平等对话、理性思考的环境，这对教师队伍的整体素质提出了更高的要求。

1949年，东吴大学法学院院长杨兆龙教授在其文章《中国法律教育之弱点及其补救方略》中，提出理想法学教师应具备以下条件：深厚的理论与实践经验、对法学教学的热情、健全的人格以及专注于少数课程的教学。尽管时代变迁，这些要求依旧具有现实指导意义。

法学作为实践性学科，要求教师既要有深厚的理论功底，也要有丰富的实践经验。法学教师承担着培养高素质法律人才、推动学术进步和社会发展的重任，只有满怀教书育人的热情，才能不负使命。同时，教师的人格力量对学生的成长具有潜在的正面影响，"以身作则，为人师表"是教师教书育人的根本原则。在当今社会，创新是时代的主旋律，教育创新是科技进步和社会发展的基石，为其他领域的创新提供必要的知识和人才支撑，因此，教师需要具备创新能力。夸美纽斯曾言："教学艺术在于巧妙安排时间、科目与方法。"因此，现代法学教师不仅要能创造新知识，更要善于创新教学方法，激发学生的创造潜能。这样才能为法律的创新发展提供有力的人力支持，并有效提高法学教育的质量。

英国学者阿什比曾指出，大学教育的核心不在于单纯传授伟大真理，而在于如何高效地传授这些真理。这一观点强调教学方法在培养学生法律思维中的重要性。在当前的法学教育中，讲授法和案例教学法是两种影响最为显著的教学方式。讲授法源自大陆法系的成文法传统，强调教师占主导地位，向学生系统地传授法律知识；而案例教学法起源于普通法系的判例法背景，注重通过具体的案例分析来培养学生的法律思维。这两种教学方法因其法律文化背景的差异，各自发展出独特的教学路径。讲授法能够帮助学生系统地掌握法律原理和基础知识，而案例教学法则更注重培养学生的实际应用能力和批判性思维。选择恰当的教学方法不仅会影响学生对法律知识的理解深度，也直接决定他们法律思维的发展方向。综合运用这两种教学方法，可以更有效地满足不同学生的学习需求，全面提升他们的法律素养和实践能力。这种教学方法的多样化应用，为法学教育注入新的活力，并助力学生在理论与实践之间找到恰当的平衡点。

在相同的教育和经验背景下，人们往往倾向于以类似的方式审视问题，而不同的训练方法则能塑造多样化的思维模式。讲授法通过系统地阐述法律原理，从一般到具体地进行演绎，旨在培养学生的理论洞察力和逻辑推理能力。相反，案例教学法采用从个别到一般的归纳方式，通过分析具体案例，提高学生在观察、分析和概括法律问题方面的能力，以及类比推理和表达能力。

这两种教学法分别源自大陆法系和普通法系的传统，其共同目标是培养具有法律思维的学生。讲授法不仅强调知识的传递，更注重帮助学生构建全面的法律知识体系；案例教学法则将法律职业所需的知识、思维和信息获取能力相结合，通过判例教学强化实践操作和独立思考，使学生能够将知识转化为解决实际法律问题的能力。

然而，这两种教学法都有其局限性。讲授法在知识的系统性和完整性方面具有优势，这是案例教学法所不具备的。韦伯曾指出，纯经验性的法律教学往往只能得出个别结论，难以形成普遍规律。波斯纳也提到，在判例导向的法律体系中，法学教授需要从具体案件中提炼基本模式，这种探索精神可能是讲授法所忽视的。因此，讲授法有时被批评为"填鸭式"或"灌输式"教学。

相对而言，案例教学法更注重学生的主动探索和发现，鼓励独立思考和团队合作，有助于培养学生的创新精神。我国法学教育改革多年来一直致力于引入案例教学法，以弥补讲授法的不足，实现两者优势互补，以全面提升学生的法律思维能力和实践技能。这两种教学法的结合不仅能为学生打下扎实的理论基础，还能提高他们的实际操作能力，使他们更好地适应法律职业的要求。

我国处于深厚的成文法传统背景下，法学教育方法的改革不应仅仅局限于引入案例教学法，而应当结合本土资源进行创新性的融合。正如美国法学家庞德所言，案例教学法有其特定的应用背景和目标限制。因此，在引入案例教学法时，高校应当像进行法律移植一样，进行适当的调整与整合，以适应我国法学教育的具体实际。这样的融合，旨在将案例教学法的优势与传统的讲授法有机结合，形成一个更加科学合理的法学教学体系。这不仅有助于提高学生的理论知识水平，还能有效锻炼他们的思维能力，使课堂教学更加高效。通过这种优化方式，高校能够培养出既有扎实理论基础又具备实际操作能力的法律人才。这种教学方法的改进，不仅能够提升学生的综合素养，还能为他们的未来职业生涯提供持续发展的动力。

法学教学方法的改革，应首先对现有的讲授法进行深入反思和优化。讲授法可细分为一般讲授法和启发式讲授法。其中，启发式讲授法包括引导式、推理式和对比式等多种形式，能有效地激发学生的好奇心，培养他们的"问题意识"，即发现问题的能力。目前，批评讲授法的人对讲授法的批评往往集中在传统的一般讲授法上，如"填鸭式"教学，却忽略了启发式讲授法的潜在优势。法学教学方法改革的关键在于，从一般讲授法向启发式讲授法转变，以更有效地培养学生的批判性思维和问题发现能力。毕竟，提出一个有价值的问题往往比解决问题更为关键，因为这可能开启新的研究领域，而解决问题则更多依赖于技巧。将苏格拉底式的对话和讨论融入讲授法中，能显著提升学生的思维能力和问题意识。通过这种互动式教学，教师不仅能传授知识，还能引导学生主动思考和提出质疑，促进其批判性思维的发展。这种方法不仅丰富了讲授法的表现形式，还提高了教学效果，使学生能够在学习过程中更加积极主动，为未来的法律职业生涯奠定坚实基础。这样既保留了讲授法的系统性优势，又增强了其灵活性和互动性，从而全面提升教学质量。

哈佛大学法学教授卡尔曾指出，法律教育不应仅限于传授实际知识，启发学生的理智和培养科学化的思维习惯同样重要。在我国，挖掘学生的思维潜能这一"未开发的领域"是一项迫切且意义深远的任务，它不仅关乎学生专业素养的提高，更影响法律职业群体的整体建设。扭转长久以来注重知识传授而忽视思维能力培养的教学传统，无疑是一项长期且艰巨的挑战。高校需在理念与实践中不懈努力，深刻认识到培养学生的批判性思维与问题解决能力与教授法律知识同等重要。通过这种全面的教育模式，高校能够培养出既有坚实基础又有强大思维能力的法律专业人才，推动法律的持续发展与进步。这样的教育改革不仅能提升教学质量，还能增强学生的综合素养，使他们未来在职场中更具竞争优势。

三、探索高校法学院卓越法律人才培养新路径

湖南大学法学院正尝试创新法学教育模式，将创新活动融入教学中。通过改革教学手段，提升学生的学习兴趣，增强课堂魅力，旨在有效克服转型过程中的难题。目前，这一新模式尚在试验阶段，目的是使教学更高效和生动，既精简了表述，也优化了语言逻辑，赋予内容新的视角和深度。

第一，在传统教学中，教师会根据学生的背景、思维特点和兴趣，结合具体实例和生动语言进行系统讲解。相比之下，案例分析教学更注重学生的主动参与。教师提供具有综合性和挑战性的案例供学生预习，激发他们独立思考并形成个人见解。课堂上，教师扮演引导者的角色，通过设计一连串相关联的问题，激发学生的兴趣并促进学生进行深入探讨。此外，教师着重培养学生识别案例核心、区分事实与法律问题的能力，并鼓励他们自主运用相关法律解决问题，从而提升学生的自我探索和分析能力。这一方法不仅优化了教学内容，还提高了教学效率，同时确保教师所要传达的信息的完整性和质量。

第二，研讨式教学倡导师生携手深入探讨理论与实践问题，将团队学习作为核心形式。在这种模式下，学生不仅要展示自身的研究过程与成果，还需以开放的心态接受他人的评价。同时，学生应积极倾听并真诚交流各自的观点。这种方

法不仅促进了知识的共享和创造性思维的培养，也提高了学生的综合素养。有效的研讨基于学生具备的相关基础知识，激励他们更有效地利用图书馆、网络等资源，系统地拓展知识视野。

第三，科研教学法旨在提升学生的理论素养与科研能力，具体措施包括以下两方面：一方面，针对已有一定科研基础的学生，教师通过一对一指导、推荐阅读材料和论文写作支持，帮助他们深化知识并发表研究成果。另一方面，组织多样化的科研活动，如组织学生参与科研项目和社会调查以提高理论水平，以及举行案例研讨会以提升理论与实践结合的能力。

为响应《教育部中央政法委员会关于实施卓越法律人才教育培养计划的若干意见》，教育部推出"双千计划"，旨在促进高校与法律实务部门间的人员互聘，强化法学教育与实际应用的结合。从2013至2017年，"双千计划"成功实现双向选聘专家与教师2000名，湖南大学法学院早在该计划实施前便与湖南省人民检察院合作，派遣骨干教师挂职，并邀请检察官开办讲座，显著提升教学质量。

此外，为了提高国际化水平，湖南大学法学院采取"走出去、请进来"的策略。一方面，鼓励师生赴海外交流学习，体验不同国家的法学教育；另一方面，邀请国际学者和律师来校交流，拓展师生的国际视野。目前，学院已与美国、澳大利亚、马来西亚等多个国家建立合作关系，通过中短期交流项目，极大地提升了师生的法学思维，开阔了国际视野，促进了法律教育的全面发展。

在全球化的大背景下，法学教育应当具备国际视野。这不仅要求教师具备国际思维，教材内容也应涵盖全球化知识，同时为学生提供接触世界的平台。培养学生的前瞻性法律思维，必须融合全球趋势的知识与技能。正如古语所云："读万卷书，行万里路。"跨文化交流已成为法学教育不可或缺的组成部分。为此，在条件允许的情况下，高校应积极鼓励学生参与长期、大规模的国际交流项目。这样的项目不仅能拓宽学生的国际视野，还能有效提升他们的法律思维以及理论与实践能力。

第七章　法律人才培养创新

第一节　法律社会人才培养模式的探索与实践

法学本科教育应培养三类人才：第一类是法律理论人才，专注于法学的教学与科研；第二类是法律职业人才，从事法官、检察官和律师等法律职业；第三类是法律社会人才，涉足非法律领域的职业，如公务员、企业管理者等不直接涉及法律的工作。

目前，大多数法学院都重视对前两类人才的培养，而对于第三类人才的培养则仍处于探索阶段。这种状况需要引起法学教育界的更多关注和深入思考，以便更好地满足社会多样化的需求。

一、法律社会人才培养模式形成的时代背景

（一）满足高等学府发展新要求

高等教育的发展趋势强调大学生应在知识、能力和素质方面实现协调发展。教育部多个文件对此有明确指示。

例如，《教育部关于进一步加强高等学校本科教学工作的若干意见》（2005年1月）指出，应科学设定人才培养目标，培养基础扎实、知识面广、能力强、素质高的学生，尤其注重能力培养。此外，《教育部、财政部关于实施高等学校本科教学质量与教学改革工程的意见》指出，当前高等教育质量尚不能完全适应经济社会发展的需求，高校需优化专业设置，增强学生的实践能力和创新精神，提升教师队伍的整体素质，并改进人才培养模式和教学方法。《教育部关于进一步深化本科教学改革全面提高教学质量的若干意见》也强调，要通过教育改革提高大学生的理想信念、道德修养、文化素养和社会责任感，提升他们的学习、创新、实践、交流及社会适应能力。2007年国务院发布的《国家教育事业发展"十一五"规划纲要》则要求。高等教育应重点提高教育质量，培养学生的创新精神和实践能力，提高其就业和创业能力。

这表明，高等教育不仅要关注专业技能的培养，还需重视全面发展学生的综合素质，以更好地满足社会对高素质创新型人才的需求。这样不仅使内容更加简洁明了，还突出了核心观点，增强了逻辑性和可读性。

（二）契合法治国家建设要求

1997年，党的十五大确立了"依法治国，建设社会主义法治国家"的基本方略。1999年，该基本方略被正式写入宪法，标志着我国法治国家建设的正式起步。高素质、能力强的法律专业队伍是法治国家建设的重要保障，而公民的整体法律素养同样至关重要。尤其是各行业高层管理者的法律素质，其素质的提高将极大推动法治国家建设进程的加速，并保障其顺利实施，从而确保法治建设既高效又有序。

（三）满足时代发展要求

目前，全国有超过630所高校设有法学本科专业，在校法学本科生人数已达30多万人。然而，每年能够进入法院、检察院或律师事务所的法学毕业生数量极为有限。与此同时，我国正在推进社会主义市场经济建设，而市场经济的本质是法治经济，对具备较高法律素养的高级管理人员有巨大需求。

因此，高校不仅应注重培养传统的法律职业人才，还应致力于培养法律社会人才，即那些能够在非法律领域（如企业管理和政府部门）发挥法律专长的人才。这种多元化的人才培养模式不仅能缓解法学专业毕业生供过于求的困境，还能更好地满足社会对复合型人才的需求。

（四）探究法学专业的特色与核心属性

之所以法学与管理学的关系密切，是因为法律治理的本质是一种管理行为。从这个视角出发，法学可以看作是管理学的一个分支。因此，法学院致力于培养能同时在法律领域和高级管理岗位上施展才华的法律人才，这正符合法学专业的核心特质，不仅贴合法学的内在属性，而且更好地满足社会对复合型人才的需求。

二、法律社会人才培养模式的核心理念与实践

海南大学法学院在法律社会人才培养方面进行了长期的探索与实践，积累了丰富的教学经验。其主要举措涉及以下几个重要方面。

（一）有计划地增设跨学科课程，拓展非法律专业教育领域

海南大学法学院致力于培养全面发展的法律社会人才，在课程设置上特别增加了多门非法学专业的选修课程，这些课程涵盖政治学、管理学、经济学、会计

学和国际贸易等多个领域。这一举措的实施已持续十余年，为法学专业的学生构建了多元的知识体系，不仅能让他们深入学习法律知识，还能使其掌握政治、经济和会计等相关领域的要领。这样的课程设置不仅丰富了学生的知识结构，还提升了他们的综合素质，使他们能够更好地适应未来多元化的职业挑战。

（二）在非司法机构设立毕业实习实践基地

在毕业实习基地建设方面，海南大学法学院不仅在法院和检察院等司法机关设立实习基地，还在其他单位，如海南省妇女联合会建立实习基地。尽管学生在这些非司法单位实习时的工作任务主要与法律问题相关，但他们也会接触到一些非法律事务。这种跨领域的实践经验有助于培养学生的综合素质和能力，更好地为其未来的职业生涯作准备。

通过这种方式，学生不仅能巩固法律专业知识，还能提升解决实际问题的能力，提高社会适应性。

（三）举办多样化活动，全面锻炼学生的多元技能

尽管培养法律职业能力是海南大学法学院的法学教育工作的核心，但学院同样重视学生的多方面发展，并通过多种活动实现这一目标：

（1）年度演讲辩论赛：学院每年举办中文和英语演讲比赛及辩论赛，旨在提升学生的演讲和辩论技巧，提高他们的表达与逻辑思维能力。

（2）暑期"三个一"社会实践活动：一年级和二年级本科生在暑假期间需完成三项任务——见习一周并撰写调研报告、收集并分析一个真实案例、阅读一本法学著作并撰写书评，这些活动不局限于法律领域。其中，调研成果会在新学期注册时提交，并由教师进行评审和表彰。

（3）"送法下乡"社会实践活动：每年暑期，学院组织优秀本科生参与"送法下乡"活动，在农村地区普及法律法规，举办普法讲座，提供法律援助咨询。此类活动能帮助学生更好地理解社会需求，增强专业认同感和社会责任感，提升自身综合能力。

（4）合法权益维权行动：学院设立五大维权行动——农民工维权、青少年维权、妇女维权、消费者权益维权和环保维权，为特定群体提供法律咨询、代写司法文书和代理诉讼等服务。通过这些活动，学生能够深入了解不同群体的生活状况，加深对社会的认识，并提升自身的法律实务能力。

通过这些多样化的活动，学院不仅强化了学生对法律专业知识的学习，还培养了他们的社会责任感和解决实际问题的能力，使他们在未来的职业生涯中更具竞争力。

（四）鼓励学生主动策划并参与各种活动

海南大学法学院积极扶持学生社团发展，成立包括青年法学社、法律援助社和法律英语协会等多个社团。学院不仅为这些社团配备指导老师、提供经费，还为其购置必要的办公设施。在学院的支持下，社团成员自主策划一系列精彩活动，如中文及英语演讲比赛、英语话剧表演以及"疯狂英语大型励志演讲会"和"半月谈法"等。社团不仅独立邀请指导老师和嘉宾参与活动，还与企业和社会团体携手合作，共同举办大型活动。所有活动均由学生干部主导策划、组织和执行，他们的工作能力和活动的显著成效赢得师生的一致好评。这些多样化的社团活动极大地提升了学生在交流沟通、人际关系处理、实际问题解决以及社会适应等方面的能力，为学生的全面发展提供了宝贵的机会。

三、法律社会人才培养模式所取得的成效分析

（一）学生全面素养与能力持续提升

在海南大学法学院的精心培育下和丰富多样的活动中，学生的综合素质和能力得到显著提升。近期，众多学生不仅在国家和省级学生组织中担任关键职位，更在演讲辩论、写作竞赛等各大赛事中屡次斩获奖项。不少学生荣获"海南省优秀共青团员""海南省第七届优秀大学生标兵"以及"海南省暑期大学生社会实践积极分子"等荣誉。这些不仅凸显了学生在学术和实践领域的成绩，也彰显了学院在培养学生全面能力上的卓越成果。

（二）企业评价优良

用人单位长期对海南大学毕业生的素质与能力赞誉有加。特别是法学院的毕业生，他们凭借卓越的专业技能、全面的综合素质以及突出的工作能力，赢得广泛认可。用人单位一致表示，法学院的毕业生在人际交往中表现成熟，同时展现出强烈的创新意识和坚韧不拔的工作精神，他们的工作态度严谨、学习态度良好且充满干劲。这种普遍的好评凸显了学院在培养学生全面能力和提升职业素养方面取得的显著成就。

（三）获得广泛好评

法学院学生在社会实践中为弱势群体提供法律援助，这一积极贡献赢得广泛赞誉，引起社会的强烈反响。多家媒体包括《人民日报》《光明日报》及《海南日报》等纷纷报道他们的事迹。这些报道一致表扬学生不仅具有无私奉献的精神和社会责任感，而且在实践中展示了他们的专业素养和人文关怀。

四、深化与优化法律社会人才培养模式：巩固基础，促进创新发展

（一）拓展宏观视野，培养开放心态

高校在办学过程中，应把握高等教育的发展规律、国家建设的核心任务及社会多元需求，致力于培养高层次的法治人才。同时，在教育目标的制定上应持开放态度，不应仅限于培养法律职业工作者和理论研究者，还应注重培育具备法律素养的法律社会人才。唯有深刻理解并积极实践这一理念，高校才能不断优化法律社会人才的培养模式，既提升学生的综合能力，又满足社会对多样化人才的需求。

（二）强化对学生法律思维与社会责任意识的教育培养

法学院培育的法律人才与其他非法律专业的毕业生的区别，在于他们通常具有深厚的法律素养。这一素养表现为能够运用法律分析并解决问题，同时具备强烈的社会责任感。因此，学院不仅需重视法律知识的传授，更应致力于培养学生的法律思维和社会责任感。即便学生毕业后并未走上法律职业道路，随着时间的推移，具体的法律知识也可能逐渐被淡忘，但他们的法律思维和社会责任感却将持续巩固与提升。为此，学院应在现有教学基础上，进一步采取措施强化这两方面的培养，确保学生在职业生涯中始终具备这些宝贵的能力。

（三）实施跨学院选课制度，认可学生修读学分

鉴于师资力量及其他资源的限制，高校无法开设覆盖所有学生兴趣的课程。然而，为促进学生全面发展，高校应当尽力满足他们的核心学习需求。在此背景下，允许学生跨学院选修课程并认可其学分，成为一种可行方案。这一措施不仅有助于拓展学生的知识视野，还能更加灵活地满足他们个性化的成长需求。学生可在更广泛的学术领域中探索兴趣所在，从而提高自身的综合素质。

（四）建立非法律专业毕业生实习实践基地

学生在非法律类单位进行毕业实习，不仅有助于他们深入了解社会各领域的实际问题，还能锻炼他们解决这些问题的能力。因此，高校应当在现有实习资源的基础上，适当拓展非法律类实习基地，如在行政机关、大型企业等单位增设实习基地。这样的举措不仅丰富了学生的实践经历，更有助于提升他们的综合素养，使其更好地适应未来职业生涯的多元化需求。

第二节　关于在法学本科生中全面推行导师制的思考

根据教育部2012年3月发布的《关于全面提高高等教育质量的若干意见》（简称"高教30条"）中的第22条，提倡改革人才培养模式，实施导师制和小班教学，旨在激发学生的学习主动性和创造性，培育拔尖创新人才。鉴于此，笔者认为在法学本科生中全面推行导师制不仅势在必行，而且切实可行。此举不仅有助于提高学生的积极性和创造力，还能精准对接高素质法律人才培养的需求。

一、在法学本科生中全面推行导师制的紧迫性与实践路径探究

（一）对法学本科生全面推行导师制的紧迫性与意义

1. 促进师生关系亲密，拉近师生间的心理距离

对于法学专业的新生来说，大学生活既新鲜又充满挑战。他们中有不少人在高中时成绩优异，但进入大学后，可能会因为与周围同学的水平相当而在心理上受到冲击。加之高中与大学在学习方法、知识接受和思维方式上有差异，新生往往难以迅速适应大学生活。在这一转折点上，导师的角色尤为关键。他们不仅要关注学生的学业进步，还应关心学生的心理健康，及时解答学生内心的疑惑。借助导师的辅导和支持，学生能更迅速地融入大学的学习与生活，实现从高中到大学的顺利过渡。因此，实施导师制度对于全面掌握学生的思想动态、学业进展和生活状态至关重要，它能帮助学生更好地利用大学四年的时间，为将来的职业生涯打下坚实的基础。

当前，我国大学教育普遍采用按专业分班的行政教学模式。在这种模式下，学生通常只在课堂时间内与任课教师互动，课余时间获得教师指导的机会较少，这往往导致学生在遇到问题时得不到及时的专业解答。同时，这种模式也容易造成师生之间产生距离感，尤其是对于教授级别的教师，学生往往认为他们难以亲近。鉴于此，在本科教育阶段引入专业指导教师制度显得尤为重要。专业指导教师能近距离地为学生提供课程辅导和学业支持，这不仅有助于提高学生的学习成效，也有助于拉近师生之间的距离，营造一种师生互动、教学相长的良好氛围。导师在解答学生的疑问时，还能在无形中影响学生的生活态度、言行举止和道德修养，从而促进学生的全面发展。这种紧密的师生关系使学生有机会更直观地感受到教师丰富的学术造诣和崇高的品德风范，这对学生树立正确的人生观、价值

观和世界观有积极的促进作用。

2. 促进法学专业学生个性化指导策略的实施

传统高等教育往往注重单向知识传授，采用封闭、静态的评价体系，以单一标准衡量学生，这既限制了学生综合素质和实践能力的提升，也难以培养他们的创新精神。然而，现代社会迫切需要具备扎实专业基础、全面发展的创新型人才。因此，改革人才培养和管理模式，并推行因材施教原则至关重要。引入本科生导师制度，可以打破法学教学指导与授课分离的传统。导师可根据每位学生的个体差异，提供个性化的指导，包括选课建议、专业方向选择、学习方法指导、科研活动以及职业规划等。这不仅有助于学生更深入地掌握专业知识，还能激发他们对特定领域的兴趣，实现个性化的人才培养。这种模式使学生在导师的悉心指导下，得以充分发挥自身潜力，提升综合素质与创新能力，为未来的职业生涯奠定坚实基础。

3. 致力于培养高素质法律专业人才的策略与实践

鉴于我国高等法学教育在适应社会主义法治国家建设的需求方面存在不足，尤其是应用型和复合型法律职业人才的短缺，教育部与中央政法委员会于2011年底联合启动卓越法律人才教育培养计划，该计划旨在培养高素质法律人才。2012年11月，首批卓越法律人才教育培养基地名单公布，北京大学、海南大学、湘潭大学等58所高校成为应用型和复合型法律职业人才教育培养基地，中国人民大学等22所高校成为涉外法律人才教育培养基地，西南政法大学等12所高校成为西部基层法律人才教育培养基地。

在这些基地中，导师制被认为是一种有效的培养方式。对于大多数未来希望从事法律工作的法学本科生来说，本科阶段的学习需要让他们打下坚实的法律知识基础，并积累丰富的实践经验。通过导师制，学生可以获得专业教师的个性化指导，这有助于他们掌握扎实的法律知识，提升实践能力，并树立正确的法律价值观。

以英国为例，其律师培养体系中的学徒制（又称导师制）非常出名。有志于从事法律工作的学生先拜师于成功的执业律师，通过协助处理事务性法律工作，如调查取证、准备诉讼材料、制作法律文书等，逐步过渡到独立执业阶段。这种方式使学生的理论知识与实践技能紧密结合，使其逐步具备卓越法律人才所需的基本素养。

因此，推行本科生导师制不仅能够帮助学生更好地掌握法律知识，还能提高他们的实践能力，最终培养出符合社会需求的优秀法律人才。

4. 推动现代大学教育目标实现的积极因素

现代大学强调学术独立和思想自由，因此高等教育不仅要提升学生的文化水平,更要培养他们的独立思考能力。美国著名教育学家阿尔特·哈伯德曾指出,大学的独特功能在于通过教育和辅导,开发学生的思维潜力,使他们不仅善于思考,而且思维开阔,能够运用智慧和学识实现个人目标。

现代大学教育有两大目标。一是传授专业知识,即通过本科教育让学生掌握某一领域的专业技能,并能从专业角度思考问题;二是培养独立思考能力,即通过大学阶段的学习,学生能够独立思考和解决问题,并掌握科学的学习方法。

对于刚从高中毕业进入大学的学生来说,大多数人之前接受的是应试教育,学习的主要目的是在考试中取得较好成绩,而大学法学教育要求他们在四年间不仅要掌握专业知识,还要具备独立思考的能力。由于高中教育注重被动接受知识,而大学则要求学生主动思考和探索,这对许多新生来说是一个巨大的挑战。如果没有适当的引导,许多学生很难达到现代大学教育的两大要求。

因此,在本科阶段实行导师制是非常有必要的。导师可以为学生提供个性化的指导,帮助他们更好地适应大学的学习模式,掌握专业知识,同时培养独立思考和解决问题的能力。这样不仅有助于实现现代大学教育的目标,还能让学生在四年的大学生活中获得全面发展。

(二)探讨在法学本科教育中实施全面导师制的可能性与策略

1. 本科生招生人数得到有效控制

近年来,我国高校扩招导致本科生人数激增,这在一定程度上限制了在本科教育中全面实施导师制。师资力量的不足和师生比例的失衡,使得许多高校难以提供充分的个性化指导。导师常常需要同时指导众多学生,有时甚至高达数十人,这导致教师精力分散,难以有效开展个性化教育。然而,随着社会进步,越来越多的学生毕业后选择直接步入职场,而非继续深造。这一变化促使高校调整招生策略,法学等本科专业的招生数量逐年减少,从而在一定程度上缓解师生比例的失衡,并为在本科教育中推广导师制提供有利条件。这一变革不仅优化了教育资源的分配,还让导师有更多时间和精力关注每位学生的成长和发展,从而更好地实现个性化教育目标。

2. 教师总数实现增长

随着我国高等教育的发展以及高校建设的持续优化,各高校师资力量显著提升。高素质人才的不断涌入,使得教师队伍规模不断扩大,这为实施法学本科生导师制奠定了坚实的师资基础。师资力量的增强不仅有效缓解了师生比例的失衡,而且确保了每位学生都能享受到更加个性化的辅导与支持。

3. 探索学业优异学生培养机制与实验班导师制实践成果

为了提升本科生的培养质量,我国众多高校纷纷改革现有教育模式,推出一系列创新措施,如学业优秀生制和实验班导师制。学业优秀生制通过选拔思想政治素质优良、学业基础扎实、成绩优异且具备强大学习能力的学生,为其配备专业导师进行个性化辅导。以海南大学法学院为例,自1997年实行该制度以来,成效显著。实验班导师制则聚焦于选拔优秀学生组成实验班,并为每位学生分配导师,提供一对一的指导。北京大学、浙江大学等高校率先实施此制度,近年来,西南政法大学、中国政法大学和中国人民大学等高校也纷纷效仿,并取得良好成效。这两种制度的核心理念在于通过专门导师的个性化辅导,提高本科生的培养质量。这些实践为法学本科生导师制的推广提供了宝贵的借鉴,积累了丰富的成功经验,增强了可操作性。

二、关于在法学本科教育中全面实施导师指导制度的建议

为了提高我国高校法学本科教育的质量,推行并优化导师制度是一条行之有效的途径。笔者建议在法学本科生中全面推广导师制,这一方案汲取了国内学业优秀生制及实验班导师制的经验,并借鉴了如牛津大学等国际知名学府的先进做法。这种综合改革,旨在为法学本科生提供更加系统化且个性化的指导,从而促进其全面发展。

(一)构建科学化的导师选拔与管控体系

推行导师制是为了实现教育的个性化,对法学本科生来说,合适的导师对其学术追求和生活成长尤为关键。理想的导师不仅应具备扎实的学术功底和强烈的责任感,更应关注学生的身心健康与全面发展。为此,在分配导师时,高校应充分考虑学生的个人意愿,并提前向学生提供候选导师的研究方向及简介,使学生能够根据自己的兴趣和目标进行明智的选择。法学院校应根据学生的选择进行合理调整,确保每位导师指导的学生数量适宜,防止资源分配不均。这样的安排既有助于学生实现个性化发展,也提高了导师指导的质量和效率。

在导师选拔过程中,应优先考虑由本专业教师担任导师,以充分利用其专业优势。若师资力量不足,可选拔表现优异的博士生或硕士生作为补充。法学新生应在入学后的一个月内完成导师选择,此过程应由法学院统一策划与实施。为保障指导质量,每位导师每届指导的学生人数上限为五名。选定导师后,原有的班主任制度可予以取消,或由其中一名导师兼任班主任职责。班级的基本管理任务可由辅导员、班干部以及班级导师共同协作完成,这样既可确保学生获得个性化的指导,又能保证班级管理的高效运转。

在导师制的日常管理中,稳定性至关重要,学生一旦选定导师,原则上不应随意更换,以维护师生之间的持续合作和有效沟通。然而,鉴于新生刚入学时可能对专业认识不够明确,或者后期可能兴趣有所变化,如果学生确实对其所选导

师的研究方向缺乏兴趣，高校允许其在第一学期结束后，可以在与原导师充分沟通的基础上，向学院提出更换导师的申请。学院在接到此类申请后，应迅速、妥善地处理新旧导师之间的交接事宜。为避免频繁更换导师导致的混乱，之后学院将不再接受任何更换导师的请求。这一规定既尊重学生的学术兴趣，又保证导师制管理秩序的稳定。

（二）保障充沛的导师支持资源

众多高校虽积极推行本科生导师制，但往往成效不彰，其核心问题在于导师资源的不足。通常，一名导师需要指导 10 名至 20 名学生，同时还要承担繁重的教学和科研任务，这使得他们难以提供高质量的个性化辅导。为破解这一难题，高校需采取多元策略以扩充导师团队。高校可以选拔杰出的硕士或博士研究生担任本科生导师，他们与学生年龄相仿，易于建立良好的互动，并能提供更贴近学生需求的指导。返聘经验丰富的退休教授和讲师也是一种有效手段，这些资深教育工作者不仅具备丰富的教学经验，而且专业知识扎实，没有额外的教学科研压力，能够更专注地辅导本科生。此外，高校还可以邀请知名律师或其他法律专业人士担任兼职导师，定期为学生提供实践培训和职业规划指导。这些专业人士拥有丰富的实战经验，能够帮助学生积累宝贵的实践知识和技能，弥补课堂教学的不足。这些措施不仅能够缓解导师资源紧张的状况，还能显著提升本科生导师制的实际效果。

（三）具体化导师辅导的具体内容和教学方法

在实施本科生导师制的高校中，单纯地为每位学生指派导师并不能充分保障教育质量。这是因为缺乏对导师的工作职责及工作方式的明确界定，往往使得导师的指导工作流于形式。为此，高校必须对法学本科生在四年学习期间的导师任务和目标进行周密的规划。

导师应确保每学期至少组织四次座谈会，以便及时了解学生的学习进展和生活状态。每学期至少举办两次案例研讨会，旨在提高学生的专业技能和批判性思维能力。除此之外，导师还应定期推荐专业论文或书籍，并指导学生撰写读后感，以此深化学生的学习体验。同时，导师需要组织学生参与法律实践活动，例如旁听庭审或参观法律机构，以此增强学生的实际操作能力。此外，每年至少组织一次实地调研，使学生有机会深入了解法律行业的实际运作。

通过这样细致的任务分配，高校不仅能够防止导师指导流于形式，还能更有效地促进学生的全面发展。这样的规划不仅明确了导师的工作职责，还确保学生在多元化的指导下实现个人的全面发展。

（四）优化评价体系并构建有效激励机制

为了充分发挥导师制的优势，必须构建一套科学的考核评价体系。导师的工作成效不应单一地以学生的学术成绩作为衡量标准，而应全面考虑学生的学习兴趣、方法与习惯、身心健康以及价值观等多维度的成长。若导师连续两个学期的指导评价不合格，应考虑取消其导师资格，或允许学生重新选择导师。同时，建立健全的激励机制同样关键。明确导师的权责，并保障其物质待遇，是激发导师工作热情的基础。在导师工作表现合格的基础上，学校应提供相应的津贴或补助，例如每年划拨一定资金支持导师开展法律实践活动。若学生在导师的指导下发表学术成果，应给予导师和学生相应的奖励。此外，学校每年应拨付调研经费，支持导师带领学生进行法律调研，并对表现优秀的导师在职称晋升、岗位聘任、奖金分配、先进评比以及深造机会等方面给予优先考虑。为确保制度的透明度和公正性，所有导师活动的相关经费都应接受严格的审计和公示，确保每一笔经费都精准用于学生的培养和发展，杜绝任何形式的不当使用。通过这些综合措施，不仅能够提升导师工作的积极性与效果，还能保障导师制的有效实施和持续发展。

（五）导师科研经费的筹集途径

确保导师经费充足是实施本科生导师制的关键。目前，导师的科研经费主要依靠教育部和地方政府的财政支持，然而鉴于我国高等院校数量庞大且地区经济发展不均衡，单纯依赖财政拨款往往难以确保导师科研经费充足。为有效解决这一问题，可以倡导各院校动员成功校友及社会知名人士进行捐赠，并设立专门的导师经费管理机构，独立负责管理和监督捐赠资金的使用。这样做不仅能拓展经费来源，而且能保障资金使用的透明度和效率。同时，应按阶段公开导师经费的详细使用情况，并邀请学校内部的专业审计人员对经费的使用情况进行严格审查，以确保每一笔资金都精准用于提升导师制的质量和成效。这种透明化的管理策略和多元化的筹资机制，有助于缓解导师经费紧张的状况，确保本科生导师制的平稳运行和持续发展。同时，这样的做法不仅能增加社会对教育事业的投入和支持，还能提升资金使用的公信力和效率。

参考文献

一、专著

[1] 李本森. 法律职业伦理 [M]. 北京：北京大学出版社，2005.

[2] 李本森. 法律职业道德 [M]. 北京：中国政法大学出版社，2004.

[3] 孙晓楼. 法律教育 [M]. 北京：中国政法大学出版社，1997.

[4] 贺卫方. 中国法律教育之路 [M]. 北京：中国政法大学出版社，1997.

[5] 孙笑侠. 法律人之治 [M]. 北京：中国政法大学出版社，2005.

[6] 洪浩. 法制理想与精英教育 [M]. 北京：北京大学出版社，2005.

[7] 夏利民，李恩慈. 法学教育论 [M]. 北京：中国人民公安大学出版社，2006.

[8] 房文翠. 法学教育价值研究 [M]. 北京：北京大学出版社，2005.

[9] 杨欣欣. 法学教育与诊所式教学方法 [M]. 北京：法律出版社，2002.

[10] 朱金香. 职业伦理学 [M]. 北京：中央编译出版社，1997.

[11] 罗国杰. 伦理学教程 [M]. 北京：中国人民大学出版社，1986.

[12] 郭成伟. 法学教育的现状与未来 [M]. 北京：中国法制出版社，2000.

[13] 约翰布鲁贝克. 高等教育哲学 [M]. 王承绪，等，译. 杭州：浙江教育出版社，2001.

[14] 伯顿·克拉克（王承绪等译）. 高等教育新论——多学科的研究 [M]. 王承绪，等，译. 杭州：浙江教育出版社，2001.

[15] 克拉克·克尔（王承绪译）. 高等教育不能回避历史——20世纪的问题 [M]. 王承绪，等，译. 杭州：浙江教育出版社，2001.

[16] 潘懋元. 新编高等教育学 [M]. 北京：北京师范大学出版社，1996.

[17] 伯顿·克拉克. 高等教育系统——学术组织的跨国研究 [M]. 王承绪，等，译. 杭州：杭州大学出版社，1994.

二、期刊

[1] 曾日红，熊静波. 法律职业定位与职业伦理教育 [J]. 学术交流，2012（6）.

[2] 蒋文. 法律职业伦理关怀与法学教育的价值回归 [J]. 法学论坛，2014（4）.

[3] 刘坤轮. 法律职业伦理教育必要性之理论考察 [J]. 中国法学教育研究，2013（4）.

[4] 黄莺，王敏.法学理论教学与法律职业伦理教育契合模式研究[J].法制与经济，2013（9）.

[5] 袁刚，刘璇.高校法律职业伦理课程的调研与分析[J].中国法学教育研究，2012（1）.

[6] 胡伟.高校法学教育中的职业道德教育管窥[J].安阳师范学院学报，2012（1）.

[7] 焦占营，孔昊.论法律职业伦理培养[J].华北水利水电学院学报（社科版），2009（3）.

[8] 朱祥海.通往正义之路：法律教育的终极善[J].辽宁行政学院学报，2012（11）.

[9] 万勇华，我国法律伦理教育的现状及其对策分析[J].长春工业大学学报（高教研究版），2012（4）.

[10] 李建新.法律职业伦理教育的定位与目标[J].前沿，2013（15）.

[11] 刘小强.人才培养分化与大学生就业关系实证分析[J].教育研究，2010（12）：24-31.

[12] 卢彩晨.论大学趋同现象[J].大学研究与评价，2008（4）：14—18.

[13] 徐静谬.我国财经类本科院校办学趋同现象解析[J].华东经济管理，2008（8）：117—120.

[14] 王占军.大学组织趋同的现象与机制——以师范院校为分析单位[J].中国高教研究，2008（6）：8—11.

[15] 上官剑.高校定位中的错位与越位[J].黑龙江高教研究，2007（4）：18—20.

三、论文

[1] 俞俏燕.中国单科性院校专业趋同问题研究——大学综合化发展的视角[D].厦门：厦门大学，2008.

[2] 李娜.高校发展过程中的趋同现象——原因反思与秩序重建[D].南京：河海大学，2008.

[3] 邓岳敏.改革开放以来中国高校人才培养与劳动力市场对接问题研究[D].厦门：厦门大学，2007.

[4] 卢晓梅.我国高等教育大众化政策研究[D].武汉：华中科技大学，2008.

[5] 贾静.技术本科教育人才培养方案研究[D].上海：华东师范大学，2009.

[6] 顾正萍.适应与选择——我国高校办学模式趋同的分析与思考[D].上海：复旦大学，2010.

[7] 周亚南.我国普通高校发展定位趋同问题研究[D].重庆：西南大学，2011.

[8] 刘秋娥.吉林省不同层次职业学校人才培养模式趋同化的研究[D].吉林：吉林农业大学，2012.